U0136480

頂級鐵道之旅

文字／攝影　梁旅珠

決心才是真正的天分

「其實，我小時候就認識您了。」這是我第一次見到旅珠姐時，心裡想對她說的話，想要用來取代「我從小就看過您主持的節目」如此失禮的開場白，但是總覺得無論怎麼說，都令人啼笑皆非，終究沒有說出口。不過，旅珠姐主持的《世界真奇妙》，著實令兒時的我打開世界之窗，隨著一個個陌生城市的名字在地圖上神遊，也才逐漸明白旅行的定義，不僅僅是跟著媽媽回花蓮過年，在充滿柴油味的車廂裡吃著排骨便當。

於是，當我在七星列車台灣首發團的賓客名單中，發現旅珠姐的大名時，連忙想著該如何向她介紹自己是個小粉絲，但是在出發前的說明會上，我才發現一切準備都是多餘，從旅珠姐親切的笑容中，每一個針對列車行程的提問，都充滿著鐵道迷的熱情，也讓人更期待這趟旅程。

及至登上七星列車之後，旅珠姐在車廂間穿梭飛舞，對工作人員頻頻提問，勤快的程度簡直令我這個專業領隊汗顏，並憑藉著品嘗過全球頂級美食佳餚的經驗，對於郵輪式列車上的餐食，更是鉅細靡遺的考究食材及料理方法，日文極佳的她，常常謙虛的請我擔任翻譯，詢問每一位主廚料理的細節，當她在筆記本上振筆疾書，將主廚的話記錄下來時，我瞥見嚴肅的主廚臉上露出驚訝且欽佩的眼神。

之後在四季島列車的首發團，我同樣有幸能擔任領隊，與旅珠姐一同踏上旅程。從堅持入住列車上最頂級的房間，還有針對列車上的事物充滿好奇心，總能提出連列車服務人員都讚嘆的問題，都看得出旅珠姐對旅行始終如一的熱情。從此之後，閱讀旅珠姐的專欄以及追蹤她的臉

書，成了我在每次旅程結束後，最期待的一件事。即使自己曾登上七星列車及四季島列車不只一次，在旅珠姐的文章裡，仍會有新發現，不論是一般人很少觀察到的設計細節，或是列車服務人員的小故事，詳實且動人的描述，常令身兼專業領隊並自詡為鐵道迷的我深感慚愧。

所以當我聽到旅珠姐要出書描寫頂級鐵道之旅時，便自告奮勇接下寫推薦序的任務，書中除了與旅珠姐同行的日本郵輪式列車行程之外，還包括西伯利亞鐵道、瑞士冰河列車等夢幻路線，搭配沿途的頂級飯店旅宿。拜讀之後，除了將未曾造訪之處，直接列入自己的人生旅遊清單之外，也感嘆自己能有幸為旅珠姐的新書作序推薦，並不是自己的旅遊經驗與熱情能與旅珠姐相提並論，而是有緣與她同行，能近距離觀察她熱愛旅行的赤子之心，以及認真記錄的態度。

作家班尼迪克威爾斯（Benedict Wells）曾在《寂寞終站》一書中寫道：「我深信一個人可以強迫自己當個有創造力的人，深信想像力是可以訓練的，但決心卻無法訓練。決心才是真正天分。」我在旅珠姐熱切的眼神裡，看到的就是這樣的決心。

古鎮榮，日本郵輪式列車達人，曾任聯合報系記者，現任國際旅遊領隊。

火車，是觀看世界最適合的節奏

2020 年，因為疫情，旅行從來沒有離我們這麼遠過。

但也因為這樣，我好像重新審視了，旅行這件事，在我生命裡的重要性。

旅行其實是，一連串不能間斷的日復一日長長生活句子中的標點符號。是呼吸，是喘息，是留白，也是每一次再開始新思維的可能（在於你敢不敢，斷句或重啟一段）。

旅行也是，你可以模擬（或實習）換一個身分換一個人格的不同人生。我可以在一趟紐約旅行裡，看五場百老匯歌舞劇，假裝自己是紐約時報的歌舞劇樂評人。我也可以在荷蘭和歐洲各個不同的博物館看林布蘭的畫作，假裝自己是林布蘭的研究者，研究他的生平故事，看他不同時期的畫作風格。而我從以前開始旅行就認真的找美食，既使散盡千金也想要體驗「假裝自己是美食家」的習慣和累積，現在也已經變成了我的第二人生的創業和工作專業。

旅行的精神需求，是離開俗世和原來的自己。但我時時更貪戀的，是眼睛的是味覺的是身體的絕美體驗，是當身體滑進日本頂級溫泉池時，身心靈一起發出的那一聲難以言喻的嘆息。

旅珠，是這樣旅行的先行者。

已經有好多次，當我開始動念想計劃這樣的旅行，就會拿起旅珠的書來參考。雖然在很多人的眼中，我已經算是一個會旅行的人，或是小小

的日本通，但我心裡知道，比起旅珠，我還有太多的頂級旅宿和祕境沒有去過，就算去過，我也不像她可以耐著性子，拍照書寫，用她溫柔的文字，形容記錄，彷彿你也跟著她一起親臨現場。（而且經過她用心的鏡頭，可能比你現場所見更美）

當然，也有不只一次很特別的經驗，在旅行中，意外在極僻靜的山崖水畔發現一處雅致的旅宿，細節處處都品味極好，正開心自己可能終於找到一個可以和旅珠分享的新發現，回國之後一翻書，才發現她早已在數年前造訪，而且還正是那旅宿最美的秋楓季節。

這次，旅珠要將她在各地頂級火車旅行的記錄集結成書，我當然更興奮了，因為，這正是我未來夢想的一種旅行方式啊。火車不僅是一種交通工具，它像是旅行方式裡的「慢活」，也是一種最適合觀看世界的節奏，飛行太快，步行太慢，汽車太有目的性……而火車上的臥鋪，又多像我宅女的夢想，可以臥在床上，捧著一本書或是一本筆記，窗外景色流轉，心裡的風景也變換著，當夜裡火車經過星光下的平原，連夢境可能都帶著節奏……

謝謝旅珠，因為這些你認真記錄的夢想的旅行，讓我們再一次有新的夢想之旅。

推薦序

許心怡，News 98《愛吃愛生活》廣播節目主持人、愛飯團網站執行長。曾任《時報周刊》執行副社長、樺榭文化集團總編輯、《ELLE 國際中文版》總編輯、慢慢文化總經理。

前往心靈故鄉的旅程

我是出生成長在台北的屏東人，小時候對火車最深刻的印象，就是每年寒暑假返鄉探視祖母的「長征」。我的回憶僅能模糊追溯到 1970 年開行的莒光號，對大哥口中更早的觀光號已不復記憶，只記得要搭 7 ～ 8 個小時火車到高雄，換乘普通車到屏東，再轉搭約一小時的客運到老家高樹。從台灣頭到台灣尾，在沒有手機平板的年代，對小孩子來說真是一路顛簸、睡睡醒醒的漫漫長路。

辛苦嗎？倒也還好，畢竟這樣的返鄉征途意味著無拘無束「野放」假期的開始。尤其在我上國中以後停站更少、行駛時間縮短的自強號問世，我的列車經驗又提升到了另一個層次，每次搭自強號就像現在上日本新幹線一樣讓我雀躍興奮。從鋁盒進化到不鏽鋼盒的鐵路便當，是我長途車程中最愛的重頭戲，沖茶服務生不怕燙的快手和翻杯蓋的神技則讓我著迷，即使滿嘴苦澀的茶葉滋味，如今也已成了美好的曾經。

我喜歡靠窗坐，看著窗外不斷變換的景色，從白天到黑夜，或是夜車的從暗夜到天明，過站時盯著看似熟悉實則陌生的地名，想像沿路呼嘯而過的無數房子窗裡，搬演著什麼樣的人生故事？每當進入隧道看到自己的影像映在窗上，虛實之間又才驚覺，原來這裡面也有屬於我的劇本。

雖然以往搭過幾次臥鋪列車，2013 年的亞洲東方快車是我第一次真正的豪華列車旅行，貼心的服務和美味的餐飲讓我驚艷，從此世界各地的豪華列車開始排進了我的旅遊清單。尤其在 2013 年九州七星列車登場造成轟動與話題之後，從 2017 年 5 月的「九州七星」、2018 年 6 月東日本的「TRAIN SUITE 四季島」，直到 2019 年末，我才終於登上夢寐以求的西日本「TWILIGHT EXPRESS 瑞風」，成為第一組入住瑞風 The Suite 701 號房的台灣人，完成日本三大郵輪式列車的體驗。

「火車上不會很無聊嗎？」

「這麼晃這麼吵，晚上會不會睡不著？」

關於列車旅行，這兩個是我最常被問到的疑慮。我想晃跟吵，或許才是火車之旅的箇中滋味；睡眠問題，也是預備點助眠藥物就可以解決的事。13 天 12 夜橫越西伯利亞的金鷹行，不論是聽有些艱澀的俄國革命史課程，或是邊讀俄國情詩邊對照著窗外草原上優雅的白樺林，我還能樂在其中沒有一刻感到無聊，容或說明了我對列車旅行的真愛。

用如此豪華的方式體驗列車也許算不上專家達人的手法，但我相信一個人總要嘗過極致之味，才真正具備了品鑑高下的能力。頂級列車就像我所熱愛的夢幻旅宿，是各地方精緻文化的縮影與集大成，總能讓我看到人類文化的精深美好，感到人生的不虛此行，因而在介紹完每一段列車行程後，我再補充跟讀者分享列車路線可順道前往的至臻美宿，希望大家都能安排出盡善圓滿的旅程。

觀光號的年代，我還在讀幼稚園，據說每次寒假返鄉過年我母親都會幫我打扮得很正式，頭戴呢帽身穿小洋裝和長毛襪，或許那樣令人期待的儀式感與安心感一直延續至今，讓我每一趟的列車旅行都像是心靈的返鄉之旅。

新冠世紀疫情中，非常感謝遠流出版社和林馨琴總編輯的勇氣，讓因疫情延宕、編排規劃長達一年的本書能夠付梓，我銘感五內。這本書是我多年旅遊的記錄與心得分享，除了做為個人紀念，也希望藉此書向各地優秀的觀光旅遊業從業人員致敬，並期待能從複習美好的回憶中，陪伴大家度過這個難關，預習人生下一段更美好的旅程。

目錄　Contents

推薦序　決心才是真正的天分　　　　　　　　002

推薦序　火車，是觀看世界最適合的節奏　　004

自　序　前往心靈故鄉的旅程　　　　　　　006

郵輪式列車　　　　　　　　　　　　010

日本三大豪華郵輪式列車　　　　　012

【東日本】四季島號　　　　　　014
私房美宿 東京站酒店　　　　　　　030
私房美宿 御宿 KAWASEMI　　　　　036

【西日本】瑞風號　　　　　　　042
私房美宿 西村屋本館　　　　　　　060
私房美宿 別邸音信　　　　　　　　066

【九州】九州七星號　　　　　　072
私房美宿 御宿竹林亭　　　　　　　096
私房美宿 山莊 TAKEFUE　　　　　　102

歐亞知名郵輪式列車　　112

【俄羅斯】西伯利亞金鷹號　　114
私房美宿 莫斯科麗思卡爾頓　　136
私房餐廳 杜蘭朵　　142

【東南亞】亞洲東方快車　　148
私房美宿 嘉佩樂酒店　　160
私房美宿 浮爾頓灣酒店　　168

觀光列車　　174

瑞士冰河列車　　176
私房美宿 RIFFELALP RESORT 2222M　　182
私房美宿 布爾根施托克飯店與度假村　　188

志摩之風　　194
私房美宿 汀渚波沙羅邸　　200
私房美宿 安縵伊沐　　206

四國正中千年物語　　212
私房美宿 琴平花壇　　224
私房美宿 湯山莊阿讚琴南　　230

所謂郵輪式列車，就是把傳統臥鋪列車升級，打造成可移動的旅館一般，並比照郵輪行程安排成套裝旅遊的方式，讓火車本身變成旅行的目的，而不再只有移動的功能。我雖然算不上真正的鐵道迷，但比起郵輪，我更喜歡列車旅行，因為兩者的對比就好像是豪華大旅館 VS. 精品小巧宿，後者空間雖小，服務卻更為精緻到位，反而讓我能專心品味與享受各種細節。

郵輪式列車。

日本
三大豪華郵輪式列車

2013 年 10 月，日本 JR 九州鐵道公司推出了巡遊九州七縣的超豪華郵輪式臥鋪列車「九州七星」，立即成為世界上、甚至可說是史上最搶手最難訂的列車。有別於過去的寢台列車是以交通為目的，郵輪式列車僅以套裝旅遊方式販售，硬體極盡奢華之外，更提供精緻餐飲、細膩服務與獨家觀光行程，讓搭乘這種「陸上郵輪」成為當今最時髦夢幻的旅程。

四年之後，東、西日本旅客鐵道公司（JR 東、西日本）分別於 2017 年 5 月與 6 月，幾乎是同時推出各自整合轄區資源、耗費鉅資打造出的旗艦郵輪式列車，其中 JR 東日本的頂級郵輪式臥鋪列車「TRAIN SUITE 四季島」運行於東日本的關東、東北及北海道，JR 西日本的「TWILIGHT EXPRESS 瑞風」則繞行西日本的山陰與山陽地區，自此日本豪華郵輪式列車市場進入了三強鼎立的時代。

不過由於列車房數極少，九州七星一趟最多僅可搭載 30 位乘客，四季島和瑞風也各只能搭載 34 位乘客，至今各列車除了特殊包車行程以外，購票都需要經過抽選程序，一室難求，苦等兩、三年還是搭不上的大有人在，更顯超豪華陸上郵輪的珍貴之處。

1
2
3

1　充滿未來感的流線型設計滿是創意，色彩明亮輕盈，讓四季島列車的外觀最為吸睛

2　瑞風號車頭 BONNET 帽子造型的圓形頭燈於上世紀曾風行一時，因而帶著濃濃的昭和懷舊氛圍，五條金線則呈現出典雅時尚的速度感。全日本獨一無二的列車室外觀景台就位在金線包圍的空間內

3　九州七星號以沉穩古典的顏色與外型來表現精緻奢華，對外觀細節最為講究，有多種充滿設計感的金色 LOGO

0 1 3 郵輪式列車─日本三大豪華郵輪式列車

四季島號

周遊東日本
軌道上的和風湯宿

　　四季島列車全名為「TRAIN SUITE 四季島」，是 JR 東日本於 2017 年開始運行的頂級郵輪式臥鋪列車。「四季島」與日本古國名「敷島」同音，取名用意在於希望乘客能藉由搭乘四季島，享受一趟飽覽日本四季美景並體驗傳統文化的精彩旅程，而「TRAIN SUITE」則有全車套房的旗艦列車之意。在 2013 年 JR 九州推出「九州七星」之前，JR 東日本旗下的「仙后座號」一直是日本最高等級的全套房豪華臥鋪列車，JR 東日本為配合 2016 年北海道新幹線開通，以及仙后座號停止營運等相關規畫，重新打造出日本最先進頂級、最具代表性的旗艦列車，據說投入高達百億日圓於列車設計製造與部分站體改造的費用。其中最為人津津樂道的，就是請東北山形縣出身的日本名汽車設計師奧山清行操刀，為四季島列車設計標誌與內外裝。

洞爺
登別
伊達紋別
東室蘭
新函館北斗
函館
青森
弘前
鶴岡
溫海溫泉
新津
東三条
日光
上野

● 起點站 / 終點站
○ 停靠站

四季島餐車的設計地面有高低差，桌型與安排也
打破一般豪華列車餐車的配置方式，風格獨具

以創造未來的經典為目標

奧山清行是「KEN OKUYAMA DESIGN」的創辦人，他曾任義大利賓尼法利納（Pininfarina）汽車設計公司的設計總監，是法拉利 ENZO 等多款經典跑車的設計者，JR 東日本包括新幹線在內有不少列車都是出自奧山之手。擅長描繪未來感的奧山賦予車體香檳金色如太空船的外觀，更依每個車廂不同性質需求，設計出大小與排列方式各異的車窗，讓整體氣氛充滿前衛感。

尤其是頭尾的觀景車廂，於機房空間以外各打造出名為「先兆」（1 號車）與「氣息」（10 號車）的展望空間，三角形大小不一的大觀景窗從車體牆面一路延伸到天花板，車內再搭配以純淨的白色壁面與白色義大利皮沙發，身在其中，可以感受到如乘坐超跑般被流動風景完全包圍的衝擊感，是目前日本三大遊輪式列車裡唯一可以跟著駕駛員一起「向前」享受前方展望樂趣的觀景車。

全車共 10 節車廂，其中 1、5、6、10 號車廂為 24 小時開放的公共區域。1 號和 10 號車廂是觀景車（機關車）；5 號車廂內為交誼廳「林間流光」，以伸展向天際的樹木為意象，結合大觀景窗，讓乘客彷彿置身自然風景中。

為了營造出豪華旅館的氛圍，四季島將唯一的出入口安排在 5 號車，讓 5 號車廂就像是設有咖啡座的旅館大廳，與一般列車每節車廂都有出入口的作法大不相同，乘客也不需費神去記當日該站要從哪個車廂上下車。

6 號車是包含廚房區域的餐廳車廂「DINING 四季島」，簡潔明亮，餐車內最吸睛的是天花板正中央的「現代水晶燈」，使用最新的有機 EL 照明技術。我非常喜歡其中半邊五張對著大窗的半圓桌，用餐時可與同伴斜角並坐輕鬆談話，同時欣賞窗外流轉的風景。

1　透明的觀景車廂創造出在鐵軌之上漂浮的快感

2　五號車廂交誼廳「林間流光」是唯一的出入口，也是全車設計意象最為獨特鮮明的一節車廂。

3　東北地區是日本最主要的優質米產地，在餐車邊享用美食邊眺望綠油油的稻田，映入眼簾的好風景正是口中品嘗的幸福美味

郵輪式列車—四季島號

全世界現有的豪華臥鋪列車多以復古傳統的外觀和裝潢為主，因為經典品味人人都能理解接受，未來的美感卻需要經過考驗與學習，因而當年九州七星列車就在唐池恆二前代表取締役社長的主導下改打安全牌，讓列車設計大師水戶岡銳治把原本前衛風的第一階段設計大轉彎，回歸古典。然而，奧山清行認為四季島是傳遞日本鐵路尖端技術與文化力的櫥窗，因此「奧山流」的設計不複製經典，而是從傳統的元素中汲取精髓與靈感，志在創造「新日本的傳統」。奧山清行不畏挑戰的企圖心讓人激賞，風格獨特、最具科技感的四季島列車出類拔萃，於2017年得到日本的「好設計獎」（GOOD DESIGN AWARD）。

「四季島」列車行程包括四天三夜、三天兩夜和兩天一夜，在日本三大郵輪列車中行程變化與選擇最多。四天三夜的行程從東京上野車站出發，周遊東日本和北海道南部後再經新潟返回上野，全程超過兩千公里，是目前日本行駛距離最長的郵輪式列車，更是除了新幹線以外唯一從本州運行到北海道的列車。由於涵蓋範圍廣，各地風土特色從南到北大不同，不像九州七星同質性較高，因此列車的行走路線與行程內容還會隨著季節變更，是名符其實的「四季」列車。

四季島列車與站在車頭迎接的車掌豐澤大輔

從神祕的 13.5 號月台出發

2018 年 6 月 4 日早上 10 點 21 分，我站在東京上野車站的 13 號月台上，迎接「四季島」列車緩緩進站，忽然覺得自己就像是星際艦隊的新成員，正為了首次任務準備登上停靠中的太空船，既興奮又緊張。這個造型酷炫的豪華郵輪式列車於 2017 年 5 月開始行駛，一個月前剛剛迎來一周年慶，儘管並非初次亮相，充滿了未來感的車輛外型，卻依然嶄新迷人。

距離出發還有將近一小時，讓我有足夠時間盡情的拍攝列車外觀，然後心滿意足的回到列車專用貴賓室「四季島序章」去完成報到手續，並參加歡迎儀式。

大約 10 點 50 分，列車服務員引領我進入神祕的專用月台「全新啟程 13.5 號月台」。這個過去並不存在的13.5 號月台，是由上野站 13 及 14 號月台中間原本輸送行李的工作月台變身而成，有著上野不忍池荷花金飾妝點的黑色大門平日深鎖，如同《哈利波特》中神祕的九又四分之三月台一樣，只為搭乘四季島這輛魔法列車的旅客開放。此刻，我彷彿是魔法與巫術學院的新生，即將啟程前往神祕未知的霍格華茲。

我從位於第 5 號車廂的唯一出入口進入四季島列車，穿過做為餐廳使用的 6 號車，在服務人員的陪伴下來到我此行的房間：702 號「四季島套房」。11 點 20 分，列車在至少 60、70 名 JR東日本與上野車站員工一字排開、搖旗歡送的驚人陣仗中出發，正式展開一趟周遊東日本四天三夜、「前所未有的體驗與發現之旅」。

1　平時大門深鎖的「全新啟程 13.5 號月台」
2　全車唯一的出入口設在 5 號車廂，營造出有如從旅館大門進出大廳的感覺
3　從上野站出發的歡送隊伍至少有 60、70 名員工現身，陣仗非常驚人

軌道上的新和風溫泉旅館

總共 17 間客房，15 個面積九平方公尺的「SUITE」（標準套房）分別位於第 2、3、4、8、9 號臥鋪車廂，每車廂三間，房內都擁有淋浴設備與免治馬桶。7 號車廂只有兩間最大的客房，包括一間 14 平方公尺的「DELUXE SUITE」（豪華套房），以及全車最高級的「四季島 SUITE」（20 平方公尺）。這兩間頂級套房內配置史無前例的檜木浴缸，讓「可以泡澡」的四季島列車不僅是會移動的豪華旅館，更成了奔馳於軌道上的摩登和風湯宿。

我此行入住的四季島套房保留之前仙后座號樓中樓的設計，是車上唯一的雙層客房，也是唯一在白天床鋪不需收疊為座椅的房間。下層為兩張單人床並列的洋寢室，上層則是有下掘式座位的榻榻米起居空間，牆面使用和紙與和漆製作的格狀壁板裝飾，是摩登新穎的四季島最具日式風情的角落。坐在這裡啜著氣泡酒或青森蘋果

汁，透過觀景窗欣賞鐵道沿線風景，就像是從溫泉旅館的緣廊眺望一般，結合列車與湯宿的奢華雙重享受。四季島套房更集合全車數量最多的國寶級傳統工藝品與精緻器物，像是新潟玉川堂的銅花器、岩手縣的岩鑄鐵壺、青森縣的小林漆器津輕塗茶桶、秋田縣角館的藤木伝四郎托盤等，在房內不論是尋找欣賞或是使用把玩，都樂趣滿滿。

若不是列車行進搖晃，寬敞的浴室常常讓我忘了自己身處陸上移動的珍貴空間之中。四季島套房的澡盆使用 150 年樹齡、木紋細緻觸感佳的木曾檜製作；奢侈的將水放滿浴缸沉浸其中，即可閒適的透過旁邊的大玻璃窗，欣賞窗外不斷變換的景致。不過東日本鐵路沿線果然都很熱鬧……即使當下四下無人，也難保下一刻不會被路人或沿線居民看到！？我實在不放心，只好很小家子氣的半掩和紙窗門，從紙窗縫隙瞄風景！

四季島套房是日本三大郵輪式列車中唯一的雙層套房，下層寢室的床鋪也是全車唯一白天不用收疊為座椅的

四季島套房浴室空間非常舒適，甚至比一些
日本旅館的標準房衛浴還寬敞

享受時間與空間推移變化的樂趣

行程中安排的下車參訪地點，對像我這樣常跑日本的人來說雖然都相當熟悉，但一定有獨家包場行程，或是會加入平時沒有的特別節目。

像在四天三夜行程中的第一天，四季島乘客受邀進入日光東照宮不對外開放的「上神庫」，體驗原本只有德川本家才可以參加的「金幣領受儀式」，以及在第三天參觀三內丸山遺跡平時不公開的土器收藏庫，然後在青森縣立美術館內包場用餐。不過對我來說，最精彩難得的，莫過於一次飽覽並搭乘東日本多種知名列車了！

「列車行程中的列車行程」之一，是第二天早上的函館觀光，四季島包下一台復古路面電車讓有興趣的乘客體驗。其二，是第三天午餐後從新函館北斗站搭乘北海道新幹線「隼」號，穿越 2018 年歡慶 30 歲的青函隧道到新青森站。此外還有知名的地方觀光火車路線五能線之旅（青森縣的五所川原到秋田縣的能代之間），四季島為乘客包下整列備受遊客與鐵道迷喜愛的觀光列車「RESORT 白神號」，下午五點登車，晚上十點左右返抵青森的弘前站，其間除了可眺望五能線日本海沿岸千疊敷、深浦等地的奇岩美景，還能邊欣賞西沉日本海的美麗夕陽，邊享用由青森名餐廳製作的下酒前菜與秋田名料亭提供的精緻便當，是量身打造的珍貴專屬行程。第四天返回上野途中，在群馬縣高崎站的短暫停留也讓人超驚喜──不但有高崎站長中山先生和吉祥物群馬將親自前來迎接，C61 型蒸汽火車也專程配合駛入站內，讓我們拍照紀念！

搭乘 RESORT 白神號沿五能線欣賞日本海的落日，是四季島的獨家行程

1	2
3	

1　最讓列車粉如我興奮的函館路面電車包車行程，還有專人解說！

2　觀光列車「RESORT 白神號」備受遊客與鐵道迷喜愛，四季島為乘客包下其中的「橅」列車

3　在群馬縣高崎站迎接我們的夢幻組合：C61 型蒸汽火車和群馬吉祥物群馬將！

沿線熱情的地方應援團

　　由於三大郵輪式列車只在 JR 東日本、JR 西日本和 JR 九州公司各自管轄的區域內行駛，都肩負著振興地方觀光與宣傳的重任，因而沿線各站與居民自發性的熱烈歡迎也變成列車比拚的重要節目。

　　四季島行駛範圍最廣，雖然個性內斂的東日本民眾不像九州居民那樣熱情，但一趟下來，除了各地許多可愛的幼稚園小朋友，我還見到好多超萌的吉祥物，像是栃木縣的日光假面、五能線木造站的津輕將、新津站的狸站長 Kitekichi（きてきち），還有高崎站的群馬將等，連鰺澤町的觀光站長醜萌秋田犬 Wasao（已於 2020 年 6 月離世）也和兩歲的女兒 Chome 一起現身迎接四季島進站，途中各站的迎車陣仗可說是誠意十足，不但是最好的觀光宣傳，也是最好的町民外交！

1　新津站前來歡迎的幼稚園小朋友和吉祥物 Kitekichi

2　連鰺澤町的觀光站長醜萌秋田犬 Wasao 也和兩歲的女兒 Chome 一起迎客

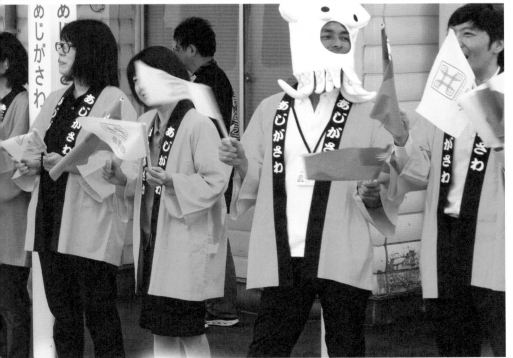

讓人驚豔的美食與服務

列車上的餐點，則特別延請日本首獲米其林星星榮耀的名主廚中村勝宏擔任料理總監，並由其愛徒岩崎均總料理長負責隨車餐飲的指揮與執行。行程中當然也集合了東日本各縣市最厲害的名店名廚效力。我沒想到第一天的午晚餐，就是在列車移動中烹調的「硬仗」，不但沒有任何技術性的靠站或刻意緩行，味道、呈現與服務流程更是令我大為驚豔，真的會讓人沉醉於美食之中，完全忘卻車上空間狹隘與車行聲響晃動的星級用餐經驗。我因而更加好奇，身高近 190 公分的岩崎主廚如何率領這麼多位廚師，克服小空間和行進搖晃的烹煮困難！？

沒想到岩崎主廚帥氣表示，解決空間狹小及搖晃這些問題對專業廚師而言都只是基本功夫，難度較高的反而是車上不能用火、只能用電磁爐這件事。最具挑戰性的部分，則是東京到北海道的路程相當遙遠，但四季島必須配合用餐時間，從經過的路線沿途，去尋找適合的當地當季食材融入菜單之中。我這才回想起服務人員說菜的內容，所有特色食材確實都是來自於用餐時間經過的縣町！

最後一天列車即將回上野前，每位乘客都會拿到一張精美的乘車證明書做為紀念。在這張「結業證書」的背面，除了印有四季島列車飛馳的英姿，還有包括車掌、列車服務員、廚師團隊和隨車攝影師每個人的親筆簽名。如今看著每個名字，一張張溫暖可愛的笑顏就一一清晰浮現，像是年輕帥氣的增田列車經理、會說中文的古山小姐、溫柔秀氣的山內小姐、還有像女星波瑠的龍野小姐……這四天三夜的朝夕相處，任何時間與任何一位交談，都讓我的車上時光倍加輕鬆愉快。四季島列車最讓我難忘的，果然還是這群讓一切幕後的努力與準備，終能達成完美呈現的最大功臣啊！

1		
3		2
4	5	6

1　第一天車上法式午餐的前菜蜜汁鮭魚抹醬，由隨車主廚岩崎均先生親自設計調製

2　第二天的午餐是由北海道北斗市「Climat」餐廳關川裕哉主廚監製

3　第三天的午餐是函館知名法式甜點屋「Péché Mignon」提供的長棍麵包三明治，餐後精緻的甜點一如法文店名，是「可愛的罪惡」

4　最後一天的午餐由新潟壽司名店「鮨・割烹丸伊」的橫山範夫主廚親自登車捏製

5　在吧檯工作中的列車服務員古山小姐，笑容甜美、中英文俱佳

6　列車服務員山內小姐展示北海道產的巨大國王香菇

20 幾年來，我住過一百多家日本頂級名宿，其中好些更回訪超過六、七次，深深感受到日式旅館的經營著實不易。通常評斷一家日式旅館的好壞，會從四個大方向來觀察，包括客室、料理、服務與風呂（浴場／溫泉），但多年體驗下來，我發現即使是盛名在外、備受推崇的旅館，也很難面面俱到的長年維持最高水平，尤其是在每天都要應對變化與挑戰的料理和服務兩方面。更何況，在這些所謂的「名宿」當中，有些其實是靠媒體公關吹捧出來的。儘管如此，其中還是有我心目中底蘊深厚的夢幻旅宿，每次造訪都能看到幾近完美的表現，不但環境雅適、料理美味，服務更是細膩貼心，人還沒離開，就忍不住盤算下回什麼時候還有機會再訪？難得一趟旅遊，我將從口袋名單中精選出高雅的美宿，與讀者分享。

1 【東京】東京站酒店──
鐵道迷與文青的愛宿

對鐵道迷來說，還有什麼能比堂堂「住宿」而非「露宿」在百年歷史的車站內，更浪漫美好？「東京站酒店」正是我心目中東京最值得至少體驗一次的代表性旅館。這裡不僅是鐵道迷的聖地，也是歷史、建築、藝術與文學愛好者心嚮往之的夢幻旅宿。

東京車站啟用於 1914 年，站體內的東京站大飯店則於次年開業，當時擁有 58 間歐風客房，一開幕即成為東京迎接國內外賓客的名門飯店。1923 年原始的車站建築曾因關東大震災損壞，1945 年再因空襲屋頂燒毀。戰後重建車站時由於資源和資金短缺，只應急把原本的三層建築修復為兩層樓，並以簡易的八角形屋頂取代南北兩側燒毀的大型圓頂，旅館則於 1951 年再開業。歷經大正、昭和、平成三個時代的歲月流變，修復前的東京車站已於 2003 年成為日本的國家重要文化財。

1
2

1　東京站由明治時代建築家辰野金吾設計打造，外型結合古典歐風元素與英國安妮女王樣式，最初為氣派的紅色磚瓦建築。寬 335 公尺的宏偉建築中，以兩個復建的圓形穹頂最為迷人；圓頂下方分別是車站丸之內側的南北入口，圖中所見為南口。紅磚（煉瓦）搭配白石橫條裝飾的「辰野式」設計特色對台灣日治時期的建築也影響甚鉅，我們的總統府和台大醫院即最知名的範例

2　丸之內中央口旁、整個東京站建築的正中間，設有皇室專用之出入口，僅於皇室人員搭乘火車時開放

東京車站隔著鐵道，有兩個方向的出入口，分別是東邊的八重洲口及向西的丸之內口，東京站酒店位於面向皇居的丸之內側。為迎接 2014、15 年車站與酒店開業 100 周年慶，旅館 2006 年歇業，2007 年起整個站體開始進行歷時五年半的大規模修建（注1），不僅重現了百年前的樣貌，也為古蹟修復的方式建立了新里程碑。在眾人引頸期盼下，東京站酒店總算於 2012 年 10 月 3 日以復古新面貌再次開幕。

酒店的主要入口小而低調，不過一踏入旅館大廳，簡潔優雅的挑高空間卻氣勢非凡，從許多小地方都可以感受到百年旅館的姿態與風情。大廳旁就是非常受歡迎的咖啡廳 The Lobby Lounge，幾乎整天都一位難求。記得初次入住時，值班經理帶我進入房間並做環境解說，當他知道我有意前往 The Lobby Lounge 喝咖啡時，立刻幫我打電話詢問座位狀況，一了解不但滿座還有不少人排隊，隨即建議並引領我前往二樓更為典雅幽靜的 Camellia Bar & Café，幫我安排好桌位後才離開，細膩貼心的服務讓我印象深刻。

如今的東京車站樓高四層（四樓為屋頂下空間），房間數也從當年的 58 間擴增為 150 間，多種房型各有特色。鐵道迷和推理粉可選擇面向鐵道、價格相對親民的「經典客房」，透過隔音效過極佳的窗戶眺望，邊享受喧囂中的寧靜，邊揣想喜愛旅行又精熟火車時刻表的推理大師松本清張，是如何從當年的 209 號房俯瞰月台，而得到小說《點與線》中以列車「四分鐘間隔」做為破案線索的創作靈感。

我曾住宿的 2022 套房居車站建築中央，是二樓宮殿側客房中面積最大的「宮殿景套房」，窗外就是車站廣場和直通皇居的行幸通大道。不過我最喜歡的房型，還是三樓南北圓頂下方周邊，總共僅 28 間的「穹頂側客房」，其中較為寬敞的 44 平米房間只有四室，相當難訂。此型客房透過窗戶不但可以近距離觀賞圓頂上的精美雕刻裝飾，還可以俯看進出穹頂下方的行人與旅客，感覺自己彷彿化身為川端康成小說《身為女人》中的女主角榮，躲在窗後，靜靜的觀察著車站內形形色色的面孔。

頂級鐵道之旅

注 1：「東京車站城」的整修開發計畫中，以丸之內側站房的復舊最受矚目，也包括八重洲口的再開發，新穎的八重洲側車站大樓有造型獨特的大屋頂與步道，已稍後於 2013 年開幕。

1　209 號房「清張の部屋」改裝後為 2033 號室，房外走廊掛有當年小說《點與線》連載第一回的原版複製品以
　　及舊火車時刻表
2　唯有住宿才有機會看到，空無一人的大廳咖啡廳 The Lobby Lounge
3　南北圓頂下方周邊的穹頂側客房是鐵道迷與旅館控最嚮往的房型，不但可從上方俯視行色匆匆的旅客，也可
　　以看到深夜車車站閘門內空無一人的景象

車站中央斜面屋頂內，是四樓面積約 120 坪的 Lounge「ATRIUM」，天花板最高處高達 9 米，部分牆面刻意保留了原始的紅磚牆面，在新穎時尚的空間中巧妙帶出歷史氛圍。這裡是僅限房客使用的早餐空間，晨間柔暖的陽光會透過向東的屋頂天窗與白色布簾流瀉照亮開闊的用餐區，舒適雅致，是住宿東京站酒店最為人津津樂道的獨家體驗。

即使無法入住這個備受文豪們喜愛的飯店，還是可以到一樓的「The Lobby Lounge」，喝杯以歷史和旅情加味的咖啡，或是到丸之內北口的「東京車站畫廊」欣賞藝展並參觀車站建築。若有機會從丸之內南北口進出，經過圓頂下方時千萬別忘了暫停腳步，在行色匆匆的旅客人流中，抬頭仰望咖啡色木條優雅的將穹頂粉黃底色畫分為八，然後把目光停留在精緻的白色浮雕上，感受時空交錯的浪漫情懷。

東京ステーションホテル

地址
100-0005 東京都千代田区丸の内 1-9-1

電話
+81 03-5220-1111

官網
http://www.tokyostationhotel.jp/

Lounge「ATRIUM」

2 【福島縣】御宿 KAWASEMI ——提供超三星美食的正統湯宿

以摺上川的翠鳥「かわせみ」（KAWASEMI）為名，福島縣的日式旅館「御宿 KAWASEMI」留給訪客的印象，正如同這種藏身鄉里的鳥兒，身形纖小，羽毛卻閃耀著青色寶石般的色澤光彩，就像萬花筒中的小世界。十幾年前第一次造訪這個名氣只流傳於業者與「食通」旅人之間的小旅館，卻讓我首度在一家旅館內，真正完整體驗到日本所謂的「五感極致」。

開業於 1996 年的御宿 KAWASEMI，是一家數寄屋風的純日式旅館，雖非歷史老鋪，卻有著端正雅致的傳統格調。開幕初期旅館附近既沒有觀光點，也沒有溫泉，更不主打在地料理，在欠缺以上「湯宿三神器」的條件下，竟然沒幾年就得到了極高的評價。

隱身於民家、田地與果園之中的御宿 KAWASEMI，佇立在摺上川與小川匯流處。車行經過旅館營運的飯坂玻璃美術館，眼前蜿蜓的砂石道穿過錯落的楓樹與竹林，通往隱密低調的入口。

脫鞋登上鋪著榻榻米的玄關，轉身就是延伸向大廳的長廊，長廊左邊大片的落地玻璃窗外，則是引入摺上川水的中庭花園池塘，眼中所見的庭木池景，春華夏綠秋紅冬雪四季皆美。

1

2

1　御宿 KAWASEMI 的中庭庭園
2　御宿 KAWASEMI 的大廳氣氛五感兼具，窗外的庭園四季皆美

不過十來公尺長的走廊，腳下踩的地板材質從榻榻米、地毯變化到石材，其間有流水蹲踞與生花造景、也有候亭腰掛及露地飛石，一路曲折趣奇，盈耳鳥語蟲鳴，撲鼻清新線香……才剛在大廳坐下，還未品嘗到旅館自傲的美食，我的整顆心，就已被旅館精心營造的茶庭氛圍徹底收服。

以本懷石料理自豪的御宿KAWASEMI，食材不僅講究品質，更不以當地素材自限，一切只為了讓主廚中上伸治放手追求，在不乖離傳統的前提下持續創新，表現出極致之味。

每個月旅館都會推出以特選季節食材全新設計的一品主菜「吟味特撰」，比方4月可能是朝掘筍、5月海膽龍蝦、6月鵝肝活鮑、7月鱧魚岩牡蠣……，每一種推薦料理使用的，必然都是令人食指大動的頂級素材，再以精心搭配的前後段料理，呈現出如行雲流水般無懈可擊的翠鳥流懷石料理。

令人印象深刻的還有旅館對食器的講究，不論是伊萬里、九谷、京燒、備前，乃至於大正時期的玻璃器皿，不吝使用名窯或骨董來襯托美食，十分大氣。八訪御宿 KAWASEMI，我對其料理的印象，除了好吃還是好吃，因此九成以上的宿客都是像我一樣的再訪客，其中更有不少狂熱的饕級粉絲，據說旅館迎接十週年時，有超過十組客人已經再訪超過百次！

頂級鐵道之旅

裝盛前菜的食器小巧精緻又可愛

1	2
3	

1　2018 年 2 月我曾品嘗的吟味特撰結合龍蝦與冬季珍饈白子，讓人垂涎欲滴／御宿 KAWASEMI 提供

2　2018 年 10 月的吟味特撰有鮑魚、鵝肝和黑松露，各個都角色鮮明，在口中的滋味卻又完美交融，顯現出主廚
　　的超強功力／御宿 KAWASEMI 提供

3　從御宿 KAWASEMI 的二樓休憩區也可以眺望庭園景致

KAWASEMI 只規劃 12 間客房，就是為了確保能將服務與細節發揮到極致。每個房間格局設計各不相同，一樓共六間「離」室，都有古檜木的私人露天風呂，其中三間特別室還擁有茶室。由於我曾多次入住，幾乎所有一樓房間都「考察」過。三間特別室中最大的是兩層樓的「花圃」，不過我最喜歡的是單層面積最大的「侘助」，以及擁有最寬闊庭園視野的特室「紫苑」。

大浴場雖不豪華，但內、外湯俱全，以 12 個房間的規模已屬不易，露天風呂旁還有狀似蒙古包的「低溫桑拿」。令人開心的是，開業前十年沒有溫泉、只以地下水加熱使用的御宿 KAWASEMI，從 2006 年 9 月開始有了自家溫泉，早已成為提供超三星美食服務的真品湯宿！

御宿かわせみ

地址
960-0201 日本福島県福島市飯坂温泉翡翠の里 2-14

電話
+81 024-543-1111

官網
http://www.hisuinosato.com/

特室紫苑露天風呂

與西日本的曙光同行

2019 年末，我終於登上夢寐以求的西日本「TWILIGHT EXPRESS 瑞風」，成為第一組入住瑞風 The Suite 701 號房的台灣人，這也是我完成日本三大郵輪式列車體驗的最後一塊拼圖。

瑞風在日本三大郵輪式列車中最晚問世，卻是在宣傳方面最低調、相關報導最少的，充滿了神祕感。不論是哪一台列車，台灣遊客若想圓夢，最好的方法就是參加國內旅遊業者整合的特殊包車行程，有來回機票、住宿旅遊安排以及中文領隊同行服務。名額雖然同樣稀少，但機會絕對高於自行抽選，不必像我在 2013 到 2017 年間那樣一次又一次的辛苦投件，然後跌入不斷失望的輪迴。

此次瑞風行，我就是透過台灣業者的首度包車，爭取到傳說中的極致列車套房「The Suite」。

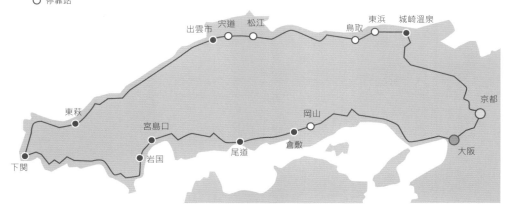

○ 起點站
● 終點站
○ 停靠站

出雲市　宍道　松江　　鳥取　東浜　城崎溫泉
東萩
宮島口　　　岡山　　　　京都
尾道　倉敷　　大阪
下関　岩国

瑞風號展望車廂

搭載好運馳騁山陰山陽

瑞風車名承繼前代行駛於大阪與札幌間 26 年（1989～2015）的豪華寢台列車「TWILIGHT EXPRESS」，並結合「吉兆之風」與日本美稱「瑞穗之國」中的兩字，車身也延續 TWILIGHT EXPRESS 的綠色、標誌與裝潢格調。

搭過 TWILIGHT EXPRESS 的人或許會覺得外觀很熟悉，因為以「傳統」為關鍵字的瑞風，整體承襲上一代寢台列車 TWILIGHT EXPRESS 的風格，但特別延請設計京都迎賓館的知名設計師浦一也與工業設計師福田哲夫共同擘劃，大幅提升內外裝的精緻豪華度，以流行於昭和初期的 Art Deco（裝飾藝術）樣式，低調營造出高級飯店既摩登又懷舊的風情，期待乘客在巡遊過山陰山陽日本神話與文化的故鄉之後，能再發現日本之美，並「從鄉愁中產生新價值」。

2019 年 11 月 27 日早上，我在專屬管家辻本小姐的引導下來到位於京都車站 Granvia Hotel 15 樓、TWILIGHT EXPRESS 瑞風的專用候車室，參加出發前的歡迎會。歡迎會請來日本茶道千家十職中的第 16 代製壺師大西清右衛門演講，瑞風列車 Lounge 車廂內茶會使用的特製原創鐵壺「真形釜」，就是由他親手打造。

我邊聽大師演說，邊品嘗由宇治名茶商「古畑園」為瑞風旅客精選的專用玉露茶，以及京都北山人氣洋菓子名店「Malebranche」特製的甜點。但老實說，墨綠色系裝潢的瑞風候車室相當簡樸，出發的迎賓與歡送儀式也不如另兩台豪華列車熱鬧盛大，在體驗過華麗細緻的九州七星和前衛新穎的東日本四季島之後，我出發時的心情已從過去的興奮激動轉為冷靜期待，難免帶著檢視與比較的眼光，不知道行程中，還有什麼能讓我發自內心感到驚喜？

1
2

1　京都車站專用候車室的迎賓儀式中，為賓客介紹所有的隨行列車服務人員

2　我與瑞風號列車合影。瑞風標誌的 M 代表並列的山峰，並以天使象徵性的表現清風吹拂，其中天使部分承襲
　　原 TWILIGHT EXPRESS 的標誌

配置最奢華完美的列車頂級套房

10 輛編成的瑞風號頭尾為展望車輛，擁有珍貴開放式眺景甲板區。全車僅 16 個房間分別位於 2、3、4、7、8、9 號車，總共可以搭載 30 ～ 34 名乘客，包括 12 間皇家套房、一間無障礙套房及兩個單人房（上下鋪形式也可住兩人）。中間的 5 號車為交誼車廂「SALON DE L'OUEST」，6 號車廂是名稱與上一代 TWILIGHT EXPRESS 相同的餐車「DINER PLEIADES」，7 號車則是我此行住宿、全車最高級的 701 號房「The Suite」。

公共空間中的最特別的，是交誼車廂一角的酒吧，24 小時都有專人服務。除了高品質的充實酒單，還有多種名稱優美的獨創雞尾酒，晚餐後可以坐在高腳椅上，享受日本唯一奔馳在軌道上的酒吧。吧台旁有一張特製的立礼席茶桌，行程第一天下午即有兩位茶道裏千家的老師登車，在 Lounge 內為所有乘客舉辦日式茶會，夜間則化身為餐後的小提琴音樂會欣賞空間。

頂級鐵道之旅

瑞風號的一大特點是史上首見的列車上日式茶會，即使是「移動茶會」也毫不含糊，除了使用「千家十職」的頂級茶道具，還請來裏千家的老師登車擔任亭主主持茶會

<table>
<tr><td>1</td></tr>
<tr><td>2</td></tr>
<tr><td>3</td><td>4</td></tr>
</table>

1 展望車廂的大片觀景窗從側面延伸至車頂

2 5 號交誼車廂內舒適的沙發休憩區，夜間會變成音樂欣賞空間

3 5 號交誼車廂酒吧，提供多款命名優美的獨創雞尾酒

4 瑞風餐車的裝潢復刻 20 世紀初的「裝飾藝術風格」，期待提供乘客如身在高級餐廳用餐的氛圍，
  不走花俏創新的路線

瑞風的一般套房跟日本其他著名遊輪式列車一樣，一個車廂有三個房間。不過，瑞風的 7 號車全車就是一間頂級套房「The Suite」，整個車廂都屬於一個房間，不但在日本獨一無二，全世界豪華列車中也十分罕見，更是唯一可以在房內用餐的日本列車套房！

目前所知全世界的豪華列車中，僅有印度大君列車的總統套房也是占據一整個車廂，不過裡面是雙套房、四人入住共用客廳的設計，不像瑞風是以兩人房（但可加住至四人）的方式

規劃，是我住過空間配置最奢華完美的列車頂級套房。房間入口十分講究，幾乎等同一般酒店套房的玄關，起居間巧妙利用座椅下方空間保留列車通道的創意，讓 701 室可以完整使用到全車廂面積，也完全不會受到其他乘客或工作人員通過 7 號車廂時的干擾。從牆壁延伸到天花板的大窗提供最佳眺望視野，房內還有私人的可開窗觀景區和兩個洗手間，寬敞的浴室裡有歐風浪漫的貓足浴缸，舒適度直逼中型郵輪的總統套房！

1　701 號房雙床臥室，房內有攝影家綠川洋一的西日本風景作品
2　The Suite 房內客廳舒適寬敞，沙發下方即 7 號車廂的走道，不但讓 701 室可完整使用全車廂面積，也完全不會受到他人通過 7 號車廂時的干擾
3　701 號房內浴室是日本郵輪式列車中面積最大的浴室，以大理石與歐式貓足浴缸表現奢華
4　舉止應對優雅的辻本小姐是我的專屬官家，全程只負責這一個房間

701號房的名家藝術與工藝品數量，和 5 號 LOUNGE 車廂同列全車之冠，使用、欣賞或把玩這些名家作品為車上時光增添不少樂趣。我最喜歡的是房內起居室由森本鋄金具製作所打造的雕金釘隱「日」與「月」，以及玄關階梯扶手上、雕刻家吉野毅的白銅雕像「因幡的白兔」。象徵結緣的兔子主題，取材自鳥取縣出雲有關大國主神如何拯救了白兔的神話故事。

The Suite 的尊榮體驗當然不止於精緻藝術的欣賞。行程期間，管家辻本小姐全程只負責我這一個房間，一個電話按鍵隨傳隨到，車內完全免費的酒品也另有更頂級的選擇。由於 The Suite 的客人幾乎都在房內用餐，每天晚上登車的兩位小提琴家除了在 LOUNGE 車廂為所有乘客演奏之外，還會專程到房內為我們演奏我們指定的曲目！

5 號交誼車廂「SALON DE L'OUEST」展示了全車最多的藝術品，就像是個小藝廊

| 1 | 2 |
| 3 | 4 |

1　做為房內玄關階梯扶手用途的兔子銅雕非常可愛，總是在門口迎接客人回房

2　The Suite 房內客廳的金屬釘隱「日」。「釘隱」是裝潢時下釘之處，為避免釘外露不好看，所以設計精緻的裝飾品隱藏

3　每節車廂走道兩頭都有珍貴藝術品的展示櫃。圖為「美保岐玉」，是用島根縣瑪瑙製作的勾玉、丸玉和管玉串聯而成的神式飾品

4　瑞風號的專用特製玻璃杯，是以幕末志士喜愛的山口縣「萩切子」傳統技法製作，杯底還刻印了瑞風的標誌

飽富歷史文化的山陰山陽之旅

瑞風行程主打巡遊山陽（瀨戶內海側）與山陰（日本海側）的「西日本原風景」，包括四種兩天一夜、山陰山陽各上下行的單程走法，以及我這次的三天兩夜行程，每個路線停靠車站與下車遊覽重點皆不同。

此行我從京都出發，造訪山陽岡山，經下關周遊山陰的宍道松江、鳥取東浜再回返京都／大阪，雖然都是我曾造訪過的旅遊勝地，但瑞風在各站皆會安排平時不公開的景點或獨特體驗。

比方在米其林三星景點岡山後樂園，我們獲邀參觀平時不對外開放的「延養亭」，享受從江戶前期岡山藩主池田綱政的「最佳視角」來欣賞名園；第二天下午造訪「神樂之宿」，則包場近距離欣賞傳統藝能「出雲神樂」劇目之一的「降伏八岐大蛇」，須左之男命纏鬥智取大蛇的橋段，更是出乎意料的精彩震撼！演員們演技精湛，雖然都戴著面具，還是可以感受到神話故事中老夫婦不捨將么女奇稻田姬獻給大蛇食用的心情。

瑞風號專屬巴士的外觀顏色與瑞風號一模一樣，沉穩優雅，是乘客離開火車時各類行程的交通工具

1. 瑞風的獨家行程安排乘客前往岡山後樂園平時不對外開放的延養亭參觀
2. 從延養亭欣賞名園，是古時藩主才有的特權
3. 傳統藝能「出雲神樂」劇目之一的「降伏八岐大蛇」，須左之男命纏鬥智取大蛇的橋段十分精彩，超近距離的欣賞震撼感十足！
4. 參觀只在公演時才對外開放的能舞台時，得穿著全新白襪小心翼翼的登上舞台，才能就近觀賞舞台背板「鏡板」上的美麗松繪

1	
2	3
4	

行程中最讓我感動的，是列車幕後工作人員為所有完美呈現所做的辛勞付出。每次乘客離車觀光，正是列車維修和清潔人員最忙碌的時間；我返回登車時都會看到車身與車窗在手工清洗之後再次潔亮如新，亮如鏡面的車身總能映出周遭的清晰影像，形成與環境融合的奇特畫面。這真的是日本以外的豪華列車望塵莫及的自我要求態度與執行力。

離車行程的高潮在第三天早上的東浜站。這個過去的無人小站面對白沙碧海的浦富海岸，經大師浦一也設計改裝後成為瑞風路線中的亮點。開放式月台的天花板全部鋪設鏡面，列車停靠時可以同時拍到鏡面反射，是全程拍瑞風列車最特別最有趣的地點。

鄰近車站、由舊保育所建築專為瑞風改裝的「AL MARE」餐廳以義大利文「海濱」命名，我在遊覽鳥取砂丘並參觀砂之美術館後到此，邊欣賞有「山陰松島」之稱的浦富海岸，邊享用日本風的海鮮義大利午餐。

頂級鐵道之旅

亮如鏡面的車身映照出清晰影像，形成與旁邊月台
融合的奇特畫面

列車上的米其林三星

車上所提供的料理，請來京都三星和食名店「菊乃井」主廚村田吉弘，以及大阪三星西式料理 HAJIME 主廚米田肇監製，由隨車主廚田中英彥料理長帶領三位帥哥廚師精準呈現。儘管餐餐都吃太飽，兩晚我都還是沒有錯過消夜的菊乃井熱湯素麵。

離車行程中的餐食，最讓我印象深刻的是第二天在「食之杜室山農園」的午餐，由本地媽媽協會的可愛成員們來為我們烹煮田舍料理「媽媽的菜」，搭配鳥取當地葡萄釀的酒，味道素樸簡單但溫馨美味極了！

我從京都周遊山陽山陰再回到京都，三天兩夜轉眼就過，實在是意猶未盡！行程結束前的午後，我在房內享用由甜點大師小山進監製的下午茶，總算有機會緩下心情，望著眼前流動的景色，細細回味這一趟緊湊的瑞風行。管家辻本小姐拿來兩本大冊子及一張紙卡，請我寫下此行的心情與感想。原來，我是 TWILIGHT EXPRESS 瑞風運行至今入住 The Suite 的第 238 組客人，而這兩本大冊，是專屬於這個房間的留言簿。

翻看過前面的留言，滿滿都是美夢成真的幸福喜悅與感謝，描述的正是我此刻的心情。除了「Beautiful train、excellent staff, No.1 train suite in the world！」我還能寫什麼！？

瑞風號當然不是沒有缺點，其實我有對森列車長、樺山支配人和辻本小姐提出了嚴正的抗議——那就是，三天兩夜實在太短了！

頂級鐵道之旅

1　房內迎賓飲料、點心與管家辻本小姐親手寫的歡迎卡
2　第一天是由大阪三星餐廳 HAJIME 監製的法式晚餐
3　消夜的菊乃井熱湯素麵
4　第二天離車行程午餐——媽媽菜
5　第二天菊乃井晚餐的火鍋

頂級鐵道之旅

郵輪式列車—瑞風號

西日本

1 【兵庫縣】西村屋本館——冬味覺的王者之宿

城崎溫泉最具代表性的名宿「西村屋本館」，是我心目中日本海楚蟹的王者之宿。位於開湯 1400 年的古湯城崎溫泉，西村屋得天獨厚，坐擁津居山、柴山和香住三個松葉蟹的名漁港，加上當地飼養的但馬牛不僅是日本全國黑毛和牛的品種源頭，更是神戶牛、松阪牛等幾大名牌牛未肥育前的「素牛」來源，海陸食材皆豐，讓有 160 多年歷史的西村屋得以「溫泉加美食」的王者姿態聲名遠播。

為了最肥美的津居山蟹，我總是選擇隆冬之日來訪，從京都搭乘山陰本線，大約 2.5 小時即抵達城崎溫泉站。某次巧遇入冬最冷寒流，我在紛飛大雪中搭車來到了西村屋本館。緊鄰大谿川畔的武家風街門雖不華麗氣派，但經歲月洗禮的木門昂立飛雪中，搭配著門後優雅的傳統數寄屋，顯得高貴凜然，這畫面實在是美極了！總是在這種時刻，我會更深切感受到歷史美宿所帶給我們的視覺與心靈享受，絕非徒具皮相的資淺湯宿能及！

西村屋創立於 1850 年代，不過當初的建築早在大正 14 年的北但大震災中燒毀，旅館於次年（1926 年）重建之後又歷經多次增建。現在所見的西村屋本館共有 34 個房間，分別位在幾個不同年代的建築裡，以走廊串連，穿梭其間有著身在迷宮般的趣味。

其中建於 1960 年的「平田館」特別延請數寄屋名匠平田雅哉設計，將當時最新穎的建材與技法融入傳統，被稱為「摩登數寄屋」。平田館雖是全館最晚建的一棟，但因其創意美感讓人眼睛一亮，反而成為西村屋本館最具特色的建築，已於 2015 年登錄為有形文化財。平田館三個附露天風呂特別室中的「觀月」、「蓬萊」，以及離棟二樓的特別室「松之間」，皆擁有迷人的庭園景致，都是我的最愛。

1   緊鄰大谿川畔的武家風街門雖不華麗氣派，但經歲月洗禮的木門昂立飛雪中，搭配著門後優雅的傳統數寄屋，顯得高貴凜然

2   西村屋本館所有房間都有某種角度的庭園景致，但像「觀月」這樣獨攬一池雪景，依著窗窗在「緣側」目不轉睛的看著老天爺忽晴、忽雨、忽雹、忽雪的即興演出，真是極上的奢侈！

西村屋的晚餐讓客人尊貴的在房內享用，身為頂級傳統和風旅館的代表，服務細膩，從許多小地方都可以感受到旅館的用心與格調。我冬日必選的豪華活蟹會席「但馬の贄」包含但馬牛熟成肉和三隻津居山蟹，從一開始的熱燗蟹竹酒、前菜、活蟹寶樂燒、滿滿碎蟹肉的湯品「椀」、精彩豐盛的生魚片、炸蟹、桌邊現烤的炭火烤蟹和味噌甲羅燒，一氣呵成絕無冷場。緊接著出場的但馬牛排布滿香軟油花，搭配黑醋醬堪稱一絕，因為酸味消解了油膩口感，總能讓我在飽食之後，對接下來的蟹鍋還充滿期待，名料理長高橋悅信的功力教我心悅誠服。最後由蟹之精華煮成的雜炊（稀飯）超級美味，每次都為我城崎之旅的松葉蟹大餐，畫下完美的句點。

旅館所在的城崎溫泉是全國知名人氣溫泉鄉，沿著大谿川的溫泉街有著風情十足的搖曳柳樹與小橋流水，兩岸和風旅館和小商店櫛比鱗次，散發出濃濃的懷舊氣息與故事氛圍，讓來此休養的小說之神志賀直哉靈感泉湧，寫出了非常精彩的短篇小說《在城之崎》。

頂級鐵道之旅

但馬牛熟成肉油花香軟入口即化，不愧是日本全國名牌牛的品種來源

1	2
3	

1　不同地區、漁港上岸的楚蟹有不同顏色和形狀的掛牌驗明正身，上面甚至還有捕獲漁船的名字

2　津居山蟹。上面有專屬的藍色吊牌

3　一抵達城崎溫泉車站就感受到濃濃的「蟹」味……除了到處貼掛的蟹海報，出車站大門就有螃蟹造景，道路
　　兩側的商店招牌上也群蟹爭艷

點綴街道間的 7 個「外湯」建築造
型與溫泉功效各異,當地以此發展出
「外湯巡遊」,讓遊客可以浪漫的穿
著浴衣木屐漫步溫泉街,輕鬆享受不
同泉質與氣氛的大眾浴場,非常受歡
迎,城崎溫泉因而被日本經濟新聞選
為「令人愉快的散步溫泉街」第一名。

2017 年 1 月造訪時,入住第二天
早餐後我在 Lobby Lounge「青月廬」
喝咖啡,看到出身寶塚、和我同年紀
的女星真矢美季,也住宿在西村屋本
館!不久之後,我們在車站再度碰面,
同班車前後座一起返回京都,我因此
開心的跟她打招呼,小聊了幾句。這
段與女明星的巧遇,也算是在城崎的
名蟹、名牛、名宿和名湯之外,另類
難忘的「名人」體驗吧!

西村屋本館

地址
669-6101 日本兵庫県豊岡市城崎町湯島 469

電話
+81 0796-32-4895

官網
http://www.nishimuraya.ne.jp/honkan/top.php

城崎溫泉將整個溫泉鄉當成一個旅館，以「車站是玄關、道路為走廊、外湯是共同浴場、旅館是客室」全域共存共榮的理念來打造，創造出歷久不衰的迷人魅力

2 【山口縣】別邸音信——老鋪經驗凝鍊的進化版溫泉宿

約十幾年前開始，注重隱私的個人主義潮流興起，需要端正危坐的茶室空間再也沒有意義，取而代之的是舒適的沙發桌椅，榻榻米的臥室區也放置了便於坐臥的西式床鋪，從此宿客可以窩在房內輕鬆享用私人風呂的摩登中小型湯宿大受歡迎。團客流失的大型旅館為了因應逐漸個人化與 M 型化的需求，紛紛轉型推出新穎精緻的高檔「別邸」，有的是利用原本旅館的局部樓層空間改建，像是群馬縣的「奧伊香保 旅邸 諧暢樓」；有的則是在原址旁增建新館，比如山口縣長門溫泉的「別邸音信」。

別邸音信是長門湯本溫泉名旅館「大谷山莊」的別館，與同樣面對音信川的本館比鄰，各有大門出入口。別邸的客人可以經由連通道自由進出「大谷山莊」、使用公共設施，但「大谷山莊」的客人則無法進入別邸。

「音信」之名，來自於流過旅館前方、有著浪漫「戀傳說」的音信川，但旅館名稱不讀成「ONSHIN」，而是以音信川的古名「OTOZURE」發音，更顯風雅。

儘管只是「別邸」，這裡公共空間的寬敞氣派不輸中大型旅館，洋溢著西洋舒適與南洋慵懶的混搭風情卻不失和風細膩，不論是玄關、大廳、茶室、餐廳和酒吧皆品味高尚、氣氛浪漫。

1　穿過戶外圍牆面川的氣派大門，再經過一道自動門，眼前是一方設計清簡的露天淺盤水池，至此尚未進入室內，還要繞行水池周圍的迴廊，才會走進玄關

2　腳下踩著榻榻米與木質組合的日式地板，頭上有寺廟傘亭式高屋頂，是相當大器有品味的混搭風

只有 18 個套房的別邸音信在硬體方面可說是豪華摩登湯宿的極致，2006年一開幕就成為全日本湯宿的指標與仿效對象。房間分為 A～G 七種房型，都是空間十分寬敞舒適的和洋室，最小的 F 型就有 69 平米，最大的 D 型甚至有 139 平米（42 坪）。

雖然每個房間都擁有自己的檜木內湯浴池和溫泉露天風呂，旅館還是提供中大型旅館規模的大浴場和公共空間。大浴場設施豐富多變化，露天風呂以外，內風呂另有寢湯及岩盤浴。

如果這些都玩過仍覺得不夠過癮的話，還可以到本館「大谷山莊」的大浴場，泡到盡興為止！

長門湯本溫泉與當地名剎大寧寺淵源頗深，別邸音信於是據此將健康蔬食製作成「音信風」的禪寺「典座料理」，以晚餐第一道前菜的方式呈現，巧妙的帶出歷史背景，創造在地趣味。菜的味道整體比較清淡，但還是非常美味，餐具擺盤也漂亮講究，除了萩燒，也使用貴氣的有田燒來表現奢華感。

大雪紛飛的早晨倚窗享用日式早餐，再浪漫不過

大浴場露天風呂

幾種房型中最小的 F 型和最大的 D
型都是樓中樓的設計，挑高空間感舒
適，不過我比較不喜歡兩層樓的房間，
得爬樓梯，因此每次去都是選擇第二
大的單層 A 型（114 平米）201 號或
301 號房，有設計別致的圓弧形外凸
陽台和椅區，就算不刻意去使用，從
房內望出去也十分賞心悅目。A 型的
兩個房間都是有兩面窗的角間，就位
在入口上方，往下看就是似鏡如畫的
方盤水池，陽台前方還可眺望音信川
對岸山巒，視野最好。

這種老鋪經營的新款別邸，是名宿
從累積多年的豐富經驗中凝鍊出的珠
玉結晶，也是我目前最喜愛的旅館形
式，不但可以體驗精緻高檔的軟硬體
服務，同時也可以享受到大型旅館的
設施與樂趣。儘管開幕至今已十幾年，
以現在的標準來看別邸音信，依舊時
髦舒適，至今仍是我心目中本州西部
中國地區的湯宿首選！

頂級鐵道之旅

別邸音信

地址
759-4103 日本山口縣長門市深川湯本 2208

電話
+81 0837-25-3377

官網
https://otozure.jp/

A型客室

九州七星號 ———
千金難買的奢華之旅

2017 年 5 月，在歷經反覆漫長的投件、抽選與落選過程之後，我終於登上了苦等三年半的九州七星列車。行程的第二天早上，我來到一號車廂「藍月亮」入座準備吃早餐，負責我房間的乘務管家吉村先生立刻送上三杯顏色不同、只有烈酒杯大小的果汁。當日早餐是用宮崎縣都農町剛送達的最新鮮食材製作，我迫不及待的拿起果汁依序品嘗，直接透過味蕾來滿足我視覺上的好奇。最左邊紫紅色的果然是莓果汁，中間橘黃色的當然是宮崎名產柑橘汁，但右邊金黃色透明的，難道是蘋果汁？九州不是不產蘋果？！

淺嘗一口，清澄甜美的果汁入喉，停留在唇齒間的濃濃香氣，卻是——番茄！這完全顛覆了既有印象的番茄汁，究竟是怎麼做出來的？吉村先生笑著回答，是都農町民用 4 ～ 5 層紗布包著原本紅色濃稠的番茄汁，一點一滴慢慢濾出來的。

這樣的費時費工，日文叫做「手間おかける」。巡遊欣賞美麗的風景之外，讓客人透過種種「手間」更深刻體會九州的物產人情之美，進而得到感動，是九州七星列車最終極的追求與目標。

○ 起點站／終點站
○ 停靠站

最右邊的金色番茄汁費工費時，呈現出如香檳般的奢華視覺與
口感，正是都農町雀屏中選，成為七星列車每週三早餐食材供
應者的原因

閃亮的七縣七星七輛車

面積跟台灣差不多的九州原有九個藩國，如今分為福岡、長崎、佐賀、熊本、大分、宮崎和鹿兒島七個縣。JR 九州鐵道公司構思 25 年，設計出結合在地觀光的鐵道旅遊，讓旅客體驗七項專屬於九州的觀光風情：自然風景、飲食文化、特色溫泉、歷史、能量氣場、風俗人情和列車風光。2013 年，耗資 30 億日幣、費時三年打造的七星號登場。

它是日本第一台郵輪式豪華臥鋪列車，提供二天一夜和四天三夜兩種套裝行程，前者巡迴北九州的福岡、佐賀、長崎、熊本、大分縣，後者從北到南環島周遊，經福岡、大分、宮崎、鹿兒島、熊本五縣環島周遊，起始和終點都是福岡的博多車站。九州面積與台灣差不多，因此行駛時間較短，離車出遊以外有不少時間停靠在站內。四天三夜中有一晚住宿鹿兒島的溫泉旅館。這個奢華的移動空間結合了傳統職人技藝與最新工業技術，既是奔馳於軌道上的極品旅館，更像是個行動美術館。

九州七星號擁有全世界豪華列車中十分罕見、
由一個房間獨占的車尾觀景窗

千金難買訂位前先抽籤

催生七星列車的靈魂人物，分別是前 JR 九州代表取締役社長唐池恒二（現已升任會長），以及得獎無數的火車設計大師水戶岡銳治。在此之前，被比喻為「豐臣秀吉與千利休」、「權力者與藝術家」的兩人，關係緊密互補互持，已經攜手創造了許多讓人眼睛一亮的九州觀光列車，像是「由布院之森」、「隼人之風」、「海幸山幸」、「阿蘇男孩號」等。

古典豪華的七星列車被譽為水戶岡銳治集大成的顛峰之作，全列車只使用七節車廂，1 號車「藍月亮」是 Lounge 休閒車廂，第 2 節是餐車「木星」，3 到 6 號車廂總共有 12 間套房，7 號車則只有兩間豪華套房，每節車廂走廊和每個房間使用的木材與設計細節各不相同。全車 14 間套房，每趟行程最多只能搭載 28 到 30 位旅客，是有錢也很難買到的極致夢幻之旅。

從第 3 到第 7 節車廂都是套房車廂，每節車廂走廊裝潢使用的木材皆不相同，也都貼掛了不同的畫飾

第一節車廂 Lounge「藍月亮」裝潢最為華麗，做為餐廳和酒吧用。天花板是在金屬上方貼天然防燃木皮後，再以貼金箔的方式把三種七星 LOGO 貼敷上去。中央的吊燈是丹麥國寶級品牌的燈具，也是全車唯一的非量身訂製品

儘管從各類報導中，我早把整個行程預習了無數次，但光是出發前在博多車站七星專屬的「金星」候車室實際體驗出發儀式，我還是樂得怦然心跳。現場演奏的鋼琴樂聲悠揚，我們邊享用迎賓飲料與精緻點心，邊聽乘務領班田中ひろし帶領隨車乘務員自我介紹。「舉杯時不能說『乾杯』，拍照時更不要說『起司』，得（用日文）說『ななつ星（七星）～～』喔」......我們在笑聲中舉起香檳，齊聲說出了列車的通關密語「ななつ星～～！」接下來，由現任 JR 九州代表取締役社長青柳俊彥親自搖鈴歡送，我們在乘務員帶領下通過鋼琴後的「密門」，經由專用通道進入月台。站在月台上看著酒紅色的七星列車姿態凜然的駛入，車身上擦得晶亮的黃銅 LOGO 彷彿威風的勳章，我有著夢想成真的感動。早上 11 點 18 分，我們準時往由布院出發。

亮如鏡面的美麗車身都要靠手工清洗，工作人員的貨物推車
倒映其中，清晰可見

美食講究每一口都感動

七星車上的早午晚和下午茶都在餐車用餐，不過不知道是否技巧性的避開列車晃動造成的上菜困擾，列車晚餐都安排在停靠車站的靜止時間。

登上火車後迎接我們的第一餐，是福岡壽司名店「山中」的握壽司午餐。有別於我曾搭乘過的亞洲東方快車、餐餐都由隨車廚師團隊在火車上的廚房烹調，七星號車廂少廚房小，因此從九州各地找來幾家最具代表性的餐廳合作，同時也希望藉此在列車中呈現各縣的食材特色與精華。因為變化太多內容太豐富，要欣賞擺盤呈現又要了解食材特色，每頓飯都吃得很忙。最好康的就是除了少數名酒廠的進口酒，所有酒水飲料都免費，酒單選擇也非常豐富！

不過，食材的講究是豪華列車的基本功，倘若只是把名店便當送上火車，豈足以表現出七星列車的尊榮與不凡？唐池恒二因此堅持把「山中」店主山中啄生請上火車，親手為客人捏壽司。為了客人上車後那第一口的感動，必須讓海鮮和醋飯有著最理想的鮮度與溫度，看著七十幾歲的山中主廚站在搖晃的火車上，使用特製小工作檯認真工作的姿態，我不禁想像著這看似簡單的安排背後，必然有著重重困難需要克服，包括列車的晃動，還有空間不足刀具使用的危險性等。多年來每週二早上 11 點，山中主廚放下自己的店務，帶著兩名弟子和食材道具從發車前的車輛基地竹下站登車準備，在火車上親自捏約 300 貫壽司，下午兩點多再從途中的日田站下車，搭火車返回福岡。

不怕麻煩的費工與講究，成就了九州七星幕前一次次的華麗演出。

1　九州七星的乘務員一人都身兼數職，每位都接受過完整的侍酒、上菜、清潔與接待訓練，隨時依需要變換角色

2　70 幾歲的山中主廚在晃動的空間中、狹窄的工作台上，神情嚴肅的為九州七星的客人捏壽司

3　第三天晚餐由福岡法國料理名店 GEORGES MARCEAU 製作，前菜沙拉的海鮮與蔬菜來自於佐賀縣唐津漁港及大分縣由布市的「佐藤自然農園」

4　GEORGES MARCEAU 的主廚小西晃治，每週四都搭乘兩小時計程車南下水俣站到列車上為九州七星的客人做晚餐，餐後整理完畢再搭兩小時計程車返回福岡

在軌道上奔馳的多寶格

　　九州七星的離車行程包括由布院觀光、美美津散步、宮崎觀光及柳川遊覽。其中，有許多別無分號的獨家規畫，像是到某些景點的接送有七星專屬巴士、包下 D&S 列車「海幸山幸」、用專屬小巴送客人到青島神社門口（一般遊客必須步行進入）等。

　　第一天下午我們抵達由布院站，雖有三種遊覽由布院的行程可以參加，不過好不容易上了火車，我當然選擇留在車上享用名旅館「無量塔」提供的下午茶，也利用這個機會好好參觀並拍照。

　　全車的裝潢重點，在於水戶岡銳治為七星列車所定義的奢華，那就是「不能放置看得出價格的物品」，因此七星列車上從家具到星星形狀的小螺絲釘，所有東西都是特別訂製的。演繹「和」之奢華的兩大主題貫穿全車，一是由國寶陶瓷藝術家、十四代酒井田柿右衛門所製作的裝飾品及房內洗面盆。第二個主題，則是由福岡大川市木下木藝精製的「組子細工」。

1　每個房間都有專屬的精美特製行李牌，行程結束後成了最佳紀念品
2　九州七星號裝牙刷浴帽的備品盒設計極具巧思，讓人用完也捨不得丟
3　七星號在三大列車中裝潢最精緻華麗，每節車廂門上的小窗都是花樣造型不同的鑲嵌玻璃
4　Lounge「藍月亮」入口的組子燈箱壁面，映照在如鏡面的烤漆牆上形成了兩側組子輝映的華麗畫面，據說這是木下工藝的木下先生最喜歡的拍照點

組子是將細小木片以榫接方式組合出繁複花紋的木工技法，由於全靠手工造價高昂，通常只會出現於高級旅館或料亭裝潢。火車上組子細工最精美華麗的兩個展示處，除了 Lounge「藍月亮」入口的大片燈箱壁面，就是我此行住宿的房間 701 號室。面積 21 平方公尺的 701 是全車最大的房間，也是水戶岡對於「什麼是日式奢華」的最佳解答。

房內白天不需收疊的奢侈床鋪空間以大片鏤花透空的組子拉門圍繞，營造出皇室宮殿般的華麗感，是全列車使用組子最多的地方；浴室內有世界上獨一無二的柿右衛門鯉魚花紋洗面盆，還有大理石敷地、飄著檜木香的寬敞淋浴空間。

701 號室真正無敵奢華的，是獨占車後整面牆的展望窗，這是我所知世界上所有的豪華列車中，唯一一個占據整個車尾、房內獨覽全車鐵道風景的總統套房。

日本最早問世的九州七星頂級套房內沒有浴缸僅有淋浴室，不過空間與裝潢奢華度仍為全車之冠

1　豪華套房 701 是全列車最大房間，房內擁有水戶岡大師為九州七星列車定義的所有奢華元素，包括寬敞的空間、高級原木貼皮的裝潢、精緻的組子工藝

2　僅 10 公分厚度的窗框空間內，收納了捲簾、帳子門、窗簾與木門四層。七星號在不同時間為搭配光線與窗景，對於簾門的高度、距離、角度規定得非常嚴格

頂級鐵道之旅

列車上的瓷鈕扣與蜂巢

列車上「人間國寶」十四代酒井田柿右衛門的有田燒作品除了洗面盆、花瓶、燈座和壁飾，Lounge 車廂大觀景窗兩側牆上，掛有兩件非常小的瓷藝作品「鈕扣」與「蜂巢」，乍看很難理解展示這兩件作品的原因。其實這背後，有著這位人間國寶與七星列車間的故事。

由於十四代柿右衛門在接下 JR 九州的付託後就生病了，車上的 14 件洗面盆是他在病榻上與十五代合力完成，

而十四代也在九州七星上路前幾個月過世，於是九州七星上的柿右衛門有田燒，都成了十四代的最後遺作。據說他在初期構思時曾想像，如果乘客低頭看見鑲在列車地板上的瓷鈕扣以為是誰掉的，或是抬頭看見天花板有蜂巢，不是很有趣嗎？這個大膽又饒富趣味的點子，很可惜的因病無法付諸實踐，這兩件實驗性的作品也才因此以框掛的方式呈現。

頂級鐵道之旅

十四代柿右衛門製作的鈕扣

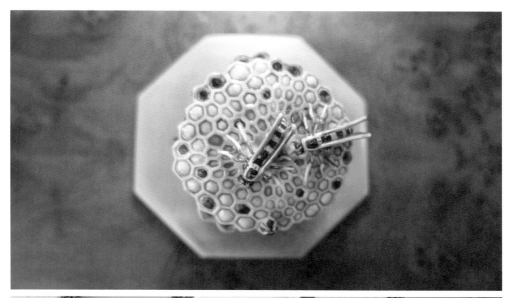

1　十四代柿右衛門製作的蜂巢

2　七星列車上共有 14 個十四代酒井田柿右衛門設計的有田燒洗面盆，有 13 個是七角或八角形，分
　　為六種圖案，只有 701 號室的洗面盆是唯一的圓形「円緣 魚藻文」圖案

南九州最獨特的奢華觀

　　九州七星行程中還有項特別安排，那就是第二天列車抵達最南端的鹿兒島縣後，晚上安排旅客分別入住霧島溫泉的三家名宿「忘れの里雅叙苑」（八室）、「妙見石原莊」（四室）及「天空之森」（兩室），只有豪華套房 701 和 702 的旅客得以住在「天空之森」，然後第三天全體旅客都會集合到天空之森參觀及午餐。

　　占地 18 萬坪，有 13 個東京巨蛋大的天空之森只有三個可住宿的溫泉 VILLA 及二個日租型溫泉屋，主打自然空間以及自給自足的有機食材，最大的 VILLA「天空」一泊二食一人（兩人一室）要價 27 萬日幣，2006 年開幕後即因其獨特的奢華觀聲名大噪，九州七星與之合作可說是相輔相成、相得益彰。不過，這兩年因鹿兒島火山不穩定，旅館已從鹿兒島改到由布院。

1　第三天中午安排所有乘客到九州最頂級的名宿「天空之森」參觀與午餐

2　第二天晚上安排旅客入住鹿兒島縣霧島溫泉的三家名溫泉宿。圖為當時豪華套房 701 安排入住的旅館「天空之森」的 VILLA「天空」，至今仍是全日本溫泉旅館價位最高的房間之一

頂級鐵道之旅

七縣拱「星」居民熱情洋溢

　　行程第二天清晨早餐前，我們和同行旅客從美美津站搭乘七星專屬巴士，前往海邊的石板街道散步。當地義工帶著我們穿梭於古樸的民宅間解說時，我抬頭看見一位老爺爺站在二樓窗口表情嚴肅的看著我們。我心想，該不會是一大群人擾了他的清夢？於是當他目光轉向我時，我立刻帶著歉意對他點頭微笑並揮揮手。沒想到就在我們離開幾步路後，老爺爺追了上來，送給我一個他自己摺的彩色紙娃娃！

　　這個紙娃娃在我的窗台邊伴著我走完了剩餘的旅程，也成了我此行最珍貴的紀念品，因為它讓我深刻感受到，七星號真的是九州全民的驕傲。多年下來，沿線民眾夾道歡迎與歡送的盛況或許不再，但每天，還是有許多人拿著相機守在鐵道旁等著捕捉它優雅的身影，也還是有許多居民自發性的拿著歡迎標語，專程來到列車停靠站迎接，或是在田埂路邊對著呼嘯而過的七星列車奮力揮手，全民無不卯足全力參與州民外交。最可愛的是浮羽幸輪幼稚園的小朋友們，他們不但來到浮羽站表演舞蹈歡迎，還送給七星乘客他們摺紙製作的可愛杯墊。

　　七輛車廂的七星列車，激發出居民無比的熱情，也串起了九州七縣的向心力。

美美津清晨石板道散步時一位老爺爺送我的紙娃娃，陪伴了我後續的旅程。這個此生難忘的意外小插曲，讓我感到九州全民對七星的熱情與驕傲

1
2
3

1　浮羽站幸輪幼稚園的小朋友們為九州七星的旅客表演歡迎舞蹈

2　列車短暫停靠薩摩高城站時，鹿兒島縣立賀翔高校的可愛女學生們前來揮旗迎送

3　最後一天的列車外觀光行程是搭船遊水鄉柳川，幼稚園的小朋友們在老師家長帶領下專程前來橋上揮手迎接

服務貼心一萬小時的成果

有了完成度百分百的硬體，要達成每一趟完美演出，還得靠全體高素質的從業人員。比方，拍攝九州七星最美的畫面之一，就是從晶亮如鏡面般的車身映照出九州的大自然，但如此乾淨美麗的列車車體全長超過 160 公尺，為避免留下太多刮痕，全部得靠人工手洗！

除了專業敬業的鐵道工作人員，以及神出鬼沒的列車清潔人員，對客人來說最重要的，還是行程中朝夕相處的乘務員。九州七星的乘務員個個身兼數職，不但要擔任管家負責基本房務、擔任餐廳侍者，下車還要當行程領隊或隨行員。第一批乘務員在列車上路前一年即完成招募並送往日本第一流的西式飯店與日式旅館接受訓練，其中最困難的就是得在搖晃的列車中零失誤的端送飲料與食物。想像得到的服務以外，每個人都必須學習攝影與社交舞；多位乘務員具有流利的外語能力，還有人再去取得專業的酒師執照。讓我印象最深刻的，是全員比美黛安娜王妃的笑容。不論怎麼拍照，鏡頭不小心掃到的乘務員都面帶誠懇的微笑，這真是皇室級的禮儀訓練才能達到的層次啊！

全程的最高潮，是第四天下午抵達最後一個停靠站羽犬塚後的歡送會。行程中有隨車攝影師幫忙拍照留念，最後剪輯成影片在歡送會播放。所有旅客和工作人員集合在「藍月亮」，大觀景窗前降下投影布幕，播放由隨車攝影師拍攝的相片所串連成的紀念影片。雖然影片 DVD 和相片要另外付費購買，但價格合理，我覺得是很棒的附加服務。聽著七星列車主題曲，看著九州七星精心剪輯的影片，回味四天三夜點點滴滴，我眼熱欲淚……在眼底感光成形的每一幕窗景、每一幅畫面，都將成為我生命旅程中最美麗的畫飾。

道別時，當吉村先生對我說：「歡迎您回來，希望很快在列車上再見到您。」我真想大聲建議：再加掛七節車廂吧！不然這個「再見」也實在太困難了！

回家看了 N 遍七星列車的紀念影片，看著列車駛過的英姿，想著自己曾幸運的身在其中，還是感動。

頂級鐵道之旅

如鏡面般的車身映照出九州自然景色，是拍攝九州七星
最美的畫面之一

近 20 年來大型溫泉旅館式微，附設私人露天浴池的和洋式套房蔚為潮流。然而在這類新型精巧的旅館中，由於房內泡澡設施齊備，往往不會再設寬敞舒適的大浴場與視野開闊的公共露天風呂，溫泉愛好者只能「躲」在房內小小的露天風呂中泡澡，難免會有不夠盡興的遺憾。

所幸在這一波新風潮中，還是出現了幾家細膩精緻卻氣派非凡的溫泉旅館，房內私人浴池空間豪華到不可思議。不過最讓人意外的是，這些全日本最奢華最大器的湯宿，幾乎都在九州！

1 【佐賀】御宿竹林亭──打造「庭屋一如」體驗

九州西北邊的武雄溫泉，是與嬉野溫泉並列、佐賀縣最具代表性的名湯，不但有 1,300 年歷史，無色無臭的鹼性單純泉滑潤美肌，還曾被評選為日本三大美人湯。在武雄市的象徵御船山下，有個號稱九州最美的庭園「御船山樂園」，是由江戶時代末期武雄領主鍋島茂義費時三年時間修建的宏偉池泉回遊式庭院。

在御船山樂園環抱下的竹林亭

4 到 5 月間如花毯般盛開於御船山下的 20 萬株杜鵑花，景觀最為壯麗

15 萬坪的日式庭園中有多種樹木花卉，包括 2000 棵櫻花樹、樹齡 170 年的紫藤樹及秋季的滿園楓紅，一年四季都有不同主角的美景，其中以 4 ～ 5 月間如花毯般盛開於御船山下的 20 萬株杜鵑花，景觀最為壯麗。而御宿竹林亭就是在如此名庭環抱下、總共僅 11 間客房的絕景之宿。宿客不但遊園免費，甚至有專用步道可直接進入庭園。

為表現庭院、建築與自然融合的一體感，強調「庭屋一如」的主題，所有客室約從七年前起依序整修並增設露天風呂，終於 2017 年夏整修完畢，11 室客房總共有六間和室、四間和洋室及一間貴賓室，其中八間附設展望露天風呂。浴池的形狀材質與大小都不同，但每個房內庭園、露台或可賞月的「月見台」皆寬敞開闊，像是可以在櫻花樹下泡湯同時欣賞御船山的和洋室「山櫻」，或是有著兩扇超大落地角窗與 15 坪賞月台的和洋室「梧竹」，眺望各有異趣，「悟竹」和「石楠花」兩個房間甚至可以加價體驗月見台上的浪漫竹燈晚餐！

我曾住宿的貴賓室「秀峰」是全館最大房間，集傳統數寄屋建築美感與竹林亭特色於一室，處處可見精心規劃的裝飾擺設。1992 年明仁天皇兩陛下以及 2007 年時為皇太子的德仁天皇皆曾下榻於此，是少數曾有兩任天皇加持的「天皇之宿」。75 坪空間內，分別為 13 疊、6 疊與 8 疊的三進榻榻米和室旁，連續的「廣緣」長廊將獨屬於秀峰的開闊庭園美景攬入室內，還有密門可直接進入御船山樂園。主起居室挑高屋頂的天花板為高雅的「格天井」，盡頭的圓窗框出庭園美景如畫，盡呈和風精粹。大小比美中型旅館露天浴場的房內露天風呂有竹林圍繞，端正氣派，是庶民難得可以體驗的皇室級享受。

僅在花祭與紅葉期間限定開放的「萩野尾御茶屋」位在園內池水畔，晚上化身為住宿客專用的「茶屋吧」，飲料雖需額外付費，但透過如鏡池面欣賞夜間點燈的庭園，獨特的幽玄艷魅氛圍美得夢幻，若有機會入住絕對不能錯過！

1 御宿竹林亭「秀峰」的三進和室，集傳統數寄屋建築美感與竹林亭特色於一室
2 秀峰的圓窗框出庭園美景如畫，也映照在室內如鏡的漆桌上
3 僅在限定期間的開放的竹林亭茶屋吧，夜間點燈氣氛如夢似幻

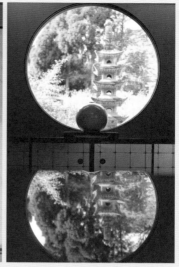

御船山樂園內除了御宿竹林亭，其實還有一家價格更親民的御船山樂園酒店（僅 35 間客房）。後者的大廳有「teamLab」的常設展示作品《神明居住的森林》「森林中的、呼應燈之森林與螺旋——一筆」，主題與色彩依季節變化，運氣好的話還可以碰到園內限期的特展。

由於 teamLab 的展覽非常受歡迎，位於都市內的展場都需預約，幾乎場場爆滿，能在古湯名園體驗時下最夯的燈光秀，又不需排隊人擠人，實在是太幸福了！

御宿竹林亭

地址 ————————————————————
843-0022 日本佐賀県武雄市武雄町大字武雄 4100

電話 ————————————————————
+81 0954-23-0210

官網 ————————————————————
http://www.chikurintei.jp/index.html

御船山樂園酒店大廳 teamLab 的常設展

2 【熊本】山莊 TAKEFUE（竹ふえ）──大器湯宿超乎想像的奢華與體貼

熊本縣的阿蘇山北麓，距離知名「祕湯」黑川溫泉鄉東南方車程約 10 分鐘處，有個名不見經傳的白川溫泉，或許比黑川溫泉更符合祕湯稱號。這裡有一家神祕奢華的旅館「秘境白川源泉山莊 TAKEFUE」，5,000 坪的山林間擁有 29 個自家源泉，總共卻僅設 12 間客房，各有寬敞的室內空間，不但所有房間硬體規格皆高於一般旅館頂級客房，公共區還另設有四個超大的豪華貸切露天風呂，可免費登記獨占使用，豪奢度前所未見！

以竹為名，TAKEFUE 旅館境內有數萬株竹子及數百棵的楓樹，高大孟宗竹為主的大片竹林營造出盎然綠意與夜間幽玄的氣氛，風情獨具。所有的客房皆有圍爐裏、和室及內風呂，獨棟的八室全都附設大面積浴池的私人露天風呂，每個房間內部配置、裝潢風格完全不同，訂房時還真讓我傷透腦筋難以決定。

古久庵房內露天風呂區，甚至比一般中型旅館的
公共露天風呂還大！

古久庵房內的岩石露天風呂旁，除了休憩用戶外
沙發，還有影音室和各式免費飲料

我最後選擇的「古久庵」是最大客室，由數棟建築組成，內有兩個起居間、三間影音休憩室、足湯、內風呂、岩石露天風呂和開闊的三段式木製露台，房間本身幾乎等同一家小旅館的規模。寬闊的內湯區開向房內庭園，開放感已優於多數旅館的半露天風呂，木棧庭院內還有長五公尺的岩石露天風呂，大小竟等同多數中型旅館的大浴場露天風呂！不論是房內或是公共區域與走廊，到處都有酒水飲品免費供應。生平經歷過數百家日式旅館，沒想到 TAKEFUE 和古久庵，還是讓我大呼開了眼界！

　　四個貸切露天風呂「竹林之湯」、「奧之湯」、「洞窟露天風呂」及「竹城之間」皆可免費登記使用。其中竹城之間是「古久庵」、「小夜」、「紫炎庵」、「別邸天空」四間頂級客房專用的貸切風呂。竹城之間內7m×5m 的超大景觀露天風呂，簡直就像個小游泳池，兩人使用實在奢侈。

　　一旁寬敞舒適的休息室內還提供 Bang & Olufsen 音響及可攜入浴場的防水電視 Private Viera……TAKEFUE 提供的設施與服務只有一句話可以形容，那就是超乎想像的奢華與體貼！

古久庵有三間影音休憩室，一家子六人入住可各有空間，也不用搶遙控器

1	2
3	4

1　TAKEFUE 旅館的「古久庵」是最大客室

2　古久庵的房內庭園

3　僅四間頂級套房可以使用的貸切露天風呂「竹城之間」，浴池大小有如游泳池，兩個人使用實在奢侈

4　旅館由獨棟離室組成，以迷宮般的戶外走廊連接

旅館晚餐有庭園 BBQ 或創作懷石料理兩種，選擇懷石料理的宿客都在房內的圍爐裏用餐。不過由於我住宿的是頂級客房古久庵，因此可以選擇要在房內用餐，或是到僅有兩個包廂的餐廳「竹園」享用。

竹園建築二樓是 SPA 區，一樓餐廳正面有大片的玻璃落地窗，正對旅館內的時髦庭園 THE GARDEN TAKEZONO。庭園內的池泉瀑布造景夜間點燈氣氛迷離浪漫，每天晚上都有不同的音樂演奏，還有旅館的寵物鴨穿梭其間，邊用餐邊欣賞開闊的庭園美景，日本最極致的用餐體驗，莫過於此。

餐廳「竹園」與旅館內的時髦庭園 THE GARDEN TAKEZONO，夜間點燈氣氛迷離浪漫

1　季節生魚片擺盤精緻華麗，從左至右為海膽、鮪魚、鮑魚、蝦及島鰺

2　不想吃生魚片可更換螃蟹與龍蝦，從這一點就能感受到旅館的出手霸氣

幾乎所有客房皆為獨棟的「離」，以高高低低的小徑和石階連接；餐廳前的庭園竹園以外，還有川床庭園、戶外足湯、休憩室「和樂」等公共區域分散在旅館腹地的蔥鬱竹林中，滿滿九州鄉間山居的趣味，每間客室裝潢風格不同更是大大提升了客人再訪的意願，設計極具巧思。

頂級的迎送也讓人印象深刻。入住當日下午，旅館派車到黑川溫泉免費迎接，車上前座同行的竟然有一隻大熊本熊，看起來就像是熊本熊親自開車來迎接，可愛窩心極了。在度過讓人驚豔、意猶未盡的一泊二食後，我在結帳時先付好錢請旅館代訂計程車，送我前往車程需兩小時的熊本車站搭乘新幹線。沒想到來接我的「計程車」，竟然是一台賓士的Maybach！

秘境 白川源泉 山莊竹ふえ

地址
869-2402 熊本県阿蘇郡南小国町大字満願寺 5725-1

電話
+81 0570-064-559

官網
https://www.TAKEFUE.com/

旅館派熊本熊來迎接，是日式旅館少見的幽默暖心安排

30 億畫框 vs. 行動溫泉旅店 vs. 露天觀景甲板

　　九州七星、四季島、瑞風三大列車軟硬體都細膩周到，展現日本最高規格的「おもてなし」（待客之道）。在餐飲與服務方面皆臻至完美，在設計風格和硬體設備上則各有獨到特色。

　　列車設計大師水戶岡銳治操刀的九州七星以沉穩木材色澤為主，和洋古典的裝潢大量使用「組子細工」及有田燒等精緻工藝，典雅華麗、細節最多。曾設計法拉利超跑的交通工具設計師奧山清行跳脫傳統，讓四季島展現明亮的「和風摩登」未來感，氛圍最為時尚新穎。瑞風則承襲上一代 TWILIGHT EXPRESS 的風格，由名設計師浦一也以及福田哲夫共同設計打造，裝飾藝術樣式營造出豪華飯店的懷舊風情，最讓人感到愉悅放鬆。

　　展望車廂也是設計重點。造價 30 億日圓的九州七星，頭尾各有一片超大觀景窗框取流動的風景，是最為人津津樂道的「30 億元的畫框」。四季島前後各有展望車，高於駕駛座的設計讓乘客難能可貴的可以向前展望，開放感最好。瑞風在前後駕駛艙外下方設置露天觀景台，是唯一能外出觀景、感受到御風而行樂趣的列車。

　　圍於列車空間，除了設計風格以外，三者的一般套房配置差別不大，因此頂級套房成了發揮創意的拚比重點。九州七星的 701 號房除了獨享車尾的「30 億元畫框」，還擁有全車最多的組子細工裝飾，如宮殿般華麗。四季島擁有史上第一的列車檜木風呂，最貴的四季島套房更是三台列車中唯一的兩層式設計，樓上客廳有下掘式榻榻米座位，被稱為行駛於軌道上的新和風溫泉旅館。瑞風一輛車廂僅一個房間的規畫是全日本獨一無二，面積最大也最舒適！

日本三大列車			
	九州七星號	四季島號	瑞風號
設計師	水戶岡銳治	奧山清行	浦一也、福田哲夫
風格	和洋古典	時尚新穎	奢華精緻
展望車廂特色	號稱造價 30 億元的超大觀景窗	列車奔馳中可向前展望，位置較高開放感最好	露天觀景台設計，唯一能外出觀景
頂級套房特色	裝飾細緻如宮殿般華麗	行進中的新和風溫泉旅館	面積最大最舒適

歐亞
知名郵輪式列車

———————

　　許多朋友問起關於日本三大郵輪式列車以及其他國家郵輪式列車的心得。最新穎的日本三大郵輪式列車雖然師法歐美，但在豪華度與細緻度方面都更上層樓，行程不僅各自精彩，還一個比一個充實緊湊。亞洲東方快車歷史悠久，又完全比照列車中的經典「威尼斯辛普倫－東方快車」打造，比較有復古火車慢旅的閒逸氣氛。搭乘金鷹列車則是難能可貴的人生壯遊，至今仍是旅人征服近萬公里的西伯利亞大鐵路最豪華舒適的方式，說起來還是各有特色與魅力。趁這個機會，也把亞洲「最經典」和歐亞「史詩級」的豪華列車拿來比一比吧！

郵輪式列車—歐亞知名郵輪式列車

從莫斯科到海參崴的
火車壯遊

穿越一萬公里的史詩級旅行

　　日本行駛距離最長的豪華郵輪式列車——Train Suite 四季島，全程超過 2,000 公里，四天三夜從東京到北海道再返回東京。但這樣的距離，比起我 2018 年 7 月下旬橫越西伯利亞的金鷹號火車之旅，就顯得小巫見大巫了。

　　金鷹號列車由俄羅斯唯一私人火車公司 Golden Eagle Luxury Trains 所經營，總部位於英國，旗下最具代表性的路線，就是經由全長 9,288 公里的西伯利亞大鐵路穿越廣袤的西伯利亞，東向行程從莫斯科出發，停喀山、葉卡捷琳堡遊覽後通過烏拉山進入西伯利亞，造訪新西伯利亞、伊爾庫次

克、貝加爾湖、烏蘭烏德，然後南行經由蒙古縱貫鐵路前往蒙古國首都烏蘭巴托，次日再折返回到西伯利亞鐵路，繼續往東三日直奔終點海參崴，全程在火車上住宿 12 晚，連頭尾的莫斯科與海參崴旅館各一宿，總共 15 天 14 夜。莫斯科到海參崴若搭乘一般的直達列車（期間只為列車需求短停並讓乘客活動筋骨），也需要整整七天的時間。13 天 12 夜的火車行程涵蓋八個時區，行駛距離超過一萬公里，是世界最長的單程旅遊路線。

簡單的沙拉與麵包佐以窗景，藍天與陽光豐富了滋味，
讓這一餐吃得格外心曠神怡

正式登上火車前，我對這趟號稱史詩級的超昂貴旅程既憧憬又期待。蘇聯解體後的現代俄羅斯，歷史不到 30 年，仍是世界上面積最大國家，也是最難申請簽證的國家之一。俄羅斯多數地區直到近十幾年才有觀光發展，而 16 世紀由恐怖伊凡納入版圖的西伯利亞，至今仍然披掩著艱辛、流放與悲情的神祕面紗，因此在許多人心目中，西伯利亞鐵路之旅代表的，不僅是一生一次的夢幻大旅行，更是環遊世界的「最後一塊拼圖」。

金鷹公司在起點莫斯科的表現讓我十分滿意。出發前一晚，金鷹在合作旅館「莫斯科麗思卡爾頓酒店」宴會廳舉行迎賓宴，第二天運用其「特殊影響力」讓我們於開放時間前提早進克里姆林宮兵器庫參觀等各項安排，大大提升我對金鷹行程奢華度及獨特性的期望。

意外的是，失望竟也從出發前就開始。結束一天的觀光行程後，我們被送到莫斯科喀山車站等待登車，沒想到全車 69 位客人全被塞進一個小會議室，別說日式尊貴的專屬貴賓室，連簡單溫馨的休息室也沒有。一群人接著被領到月台，匆匆喝了兩口氣泡酒，趕緊衝去幫蘇聯時代的蒸汽火車頭拍幾張照，還來不及聽送行的六人小軍樂團在演奏什麼，就匆匆上了車。

出發前晚的迎賓宴中，金鷹工作人員示範如何使用長刀開香檳，俄羅斯式的開瓶法暴力中帶著優雅，讓人印象深刻

1	2
3	4

1　從莫斯科喀山站出發，除了有帥哥美女提供氣泡酒，還有六人小軍樂團演奏歡送，不過整個過程非常匆忙

2　我這個車廂的專屬服務人員，可愛率直的斯薇特拉娜和靦腆老實的羅曼

3　一路上司機與機關車頭換過好幾個，莫斯科出發時這位小鮮肉司機最年輕最帥！

4　藍色的金鷹列車車身與 LOGO，外型與一般列車沒有太大差異。由於行程太長，沿途會替換多種負責牽引的機關車頭

浩浩蕩蕩的出發隊伍

金鷹列車的最大車廂數量可達 21 節，此行總共只有 17 節，包括九節客車、兩節餐車、兩個擁有小酒吧的 Lounge 休閒車廂及員工車廂。與日式列車一人身兼數職的服務方式不同，金鷹每輛客車皆配有兩位專屬服務人員，24 小時輪流值班，其他工作人員還有經理、廚師、餐廳服務生、吧台、工程、清潔人員等，職務各有專司，所需員工多達 50 至 60 人全部住宿車上，數量幾乎與旅客相同，非常驚人。

車上客房共三個等級，我住的皇家套房（約 3.3 坪）是最大套房，雙人床白天可不用疊為座椅。另兩種為上下鋪的金級套房（約 2.1 坪）與銀級套房（約 1.7 坪），皆附獨立衛浴。我的皇家套房有看似很厲害的水柱按摩淋浴間，可惜水壓根本不足，結果淪為「裝飾品」。

最大的皇家套房內淋浴間有看起來很厲害的水柱按摩功能，可惜因為水壓不足根本無法使用

1　金鷹餐車上有兩個時鐘，一個是當地時間，另一個則顯示莫斯科時間。西伯利亞大鐵路沿線車
　　站涵蓋太多時區，因而不論在哪一時區上下車，車站時刻表與票面火車班次時間一概以莫斯科
　　時間為準，對初訪者來說非常容易混淆。搭乘金鷹則無需擔憂，依列車經理提醒調整時間即可，
　　只是上車第一餐時發現兩個時鐘時間都不對，服務精準度跟日本、瑞士果然有落差

2　此行金鷹號總共有兩節餐車以及兩節內有吧檯的休閒車廂。餐車的桌面向上拉起就會成為演講
　　上課的空間

3　面積最大的皇家套房全車總共只有兩間，也是唯二非上下鋪的房間。裡面是一張白天可收疊為
　　沙發的雙人床，但睡起來沒有其他列車的兩張單人床舒適

從俄文課到茶會，列車經理一個抵三個

車上工作人員的服務表現也讓我開了眼界。我搭乘的五號車由出身索契、體型頗有分量的女服務員斯薇特拉娜，及 33 歲來自礦水城的男服務員羅曼負責。第一天打過招呼之後，他們立刻開始直呼我的英文名 Rachel，讓我不禁疑惑：我們有那麼熟嗎？這應該是我旅遊世界各地幾十年來，第一次在「豪華等級」的旅行中碰到服務人員不以「小姐」、「女士」甚或是「夫人」稱呼客人。更難以理解的是，在這樣一個完全以外國旅客為主的列車上，真正具備英文談話能力的工作人員，竟然只有列車經理一人！

列車經理塔蒂亞娜在金鷹已有 13 年資歷，可說是全車靈魂人物。短小壯碩的她淺笑中總透著嚴謹精悍，一手全攬車上管理業務，俄國歷史課以外的俄文課，以及內容嚴肅的午茶談話會，也全由她負責講授主持。金鷹公司或許慶幸有這樣的一人可抵三人用，但對客人來說，車上活動未免過於嚴肅單調；連明信片和信封信紙都沒有，讓我不禁想念起亞洲東方快車的郵寄服務，還有行進間的舞蹈表演、腳底按摩和水果課程。

1 　2

1　正在教俄文課的列車經理塔蒂亞娜，車上管理事務一手全包，也是唯一英語流利的工作人員
2　LOUNGE 的鋼琴表演是全程唯一正式排在行程表中的娛樂節目。鋼琴師嚴肅而不苟言笑，十幾天下來直到離車前我要求合影留念，才第一次看到他淺淺露出微笑

橫越荒原看見地方亮點

　　金鷹的離車觀光是我行程中最喜歡的部分，主因是選擇皇家套房的旅客，在每個停靠點都有專屬導遊、轎車與司機，不需跟隨團體巴士，行程可依客人的意願靈活調配，玩起來效率高又輕鬆愉快。金、銀級套房的行程則類似一般郵輪的團體岸上行程。

　　我搭乘的東向路線從莫斯科出發，由金鷹安排的莫斯科市區觀光只有一個白天，因此行程非常經典而精簡，包括早上的克里姆林宮與紅場、普希金咖啡館午餐，以及下午的歷史博物館和太空博物館。或許經過 2018 世足賽的洗禮，現在的莫斯科與幾年前我造訪時大大不同了，市容更美麗交通更方便，整體氣氛也變得比較開放友善，非常推薦於行程外在莫斯科多停留幾天。

紅場是莫斯科的心臟地帶，周圍重要建築包括列寧墓、聖瓦西里大教堂、克里姆林宮、國家歷史博物館和 GUM 百貨等，知名的「紅場大閱兵」就在此舉行

離開莫斯科後的第一個停站觀光點是俄羅斯轄韃斯坦共和國的首都喀山，第二個停站點葉卡捷琳堡則是俄羅斯第四大城，1723 年由彼得大帝所建。以礦物、冶金和軍工業為主的葉卡捷琳堡是「歐亞自然分界線」烏拉山區的首府，因此造訪歐亞界標是遊覽此地的重頭戲。

此外，1918 年最後的沙皇家族在此停留 78 天後被殘忍殺害，原屋於 70 年代被剷平，如今處刑地矗立著 2000 年才起建的尼古拉二世紀念教堂（聖使大教堂），也是遊客了解這段歷史的必訪地點。更發人省思的景點是「古拉格集中營紀念地」——要不是因為開建高速公路，人們不會發現這個史達林時代的祕密集中營，埋有數萬名「被消失」的人民骸骨。不同年代的歷史悲劇，刻畫出葉卡捷琳堡工業城以外與眾不同的深沉面貌。

行程中途的伊爾庫次克是金鷹列車跨西伯利亞最精彩的景點之一。安加拉河是從貝加爾湖流出的唯一河流，而位於河畔離湖不遠的伊爾庫次克，因鄰近西伯利亞的「藍海」（貝加爾湖）與「綠海」（湖區森林），成為遊覽西伯利亞與貝加爾湖最受歡迎的據點。

18 世紀因礦業致富的當地商人，在城內建了許多裝飾木雕蕾絲的「西伯利亞巴洛克」木造豪宅，伊爾庫次克因而得到「西伯利亞的巴黎」美譽。市內的佛爾康斯基之屋如今成為博物館，紀念 1825 年起義失敗被放逐至此勞改的 12 月黨人，以及為愛放棄一切、艱苦徒步一年追隨夫婿到西伯利亞生活的「12 月黨人之妻」，這個詞彙至今在俄國仍代表著「犧牲奉獻的妻子」。金鷹列車在這裡安排復古香檳招待會及私人音樂會，營造出當年流放貴族女性們如何致力於提升偏鄉藝文涵養的氛圍。

頂級鐵道之旅

1 喀山藍色圓頂的庫爾沙里夫清真寺

2 末代沙皇尼古拉二世家族 1918 年在葉卡捷琳堡被殘忍滅門殺害，如今處刑地矗立著尼古拉二世紀念教堂。究竟該不該將他們聖人化在俄羅斯也有不同的看法

3 在伊爾庫次克期間前往鄉間造訪俄羅斯 DACHA（夏日別墅），享用以自種蔬菜和手工麵點烹調的俄羅斯午餐，品嘗主人自釀的水果伏特加

4 拜訪史達林時代公寓的女主人塔蒂亞娜。她的父親是軍人工程師，因協助建造鐵路有功得到當年蘇維埃政府贈送的伊爾庫次克公寓，由兩家人共用

西伯利亞鐵路全程最美的部分在貝加爾湖。被稱為「西伯利亞珍珠」、「西伯利亞藍眼睛」的貝加爾湖，其實就是歷史上蘇武牧羊的「北海」，更是世界上最深、最古老的湖泊，擁有全俄羅斯 80%、全世界 20% 的淡水量。由於貝加爾湖區是整個西伯利亞鐵路最陡峭的一部分，初期的西伯利亞鐵路修建至湖邊的貝加爾港之後就難以突破，在環貝加爾湖鐵路完工之前，曾必須靠渡輪載運，或是在凍結的湖面上搭設鐵軌讓火車渡湖，以連結後續行程。

現在的西伯利亞鐵路不再直通貝加爾湖畔的貝加爾港，而是從伊爾庫次克轉南至湖西南角的斯柳江卡，再往東到烏蘭烏德。廢棄多年的環湖鐵路在 1990 年代為觀光修復，金鷹火車安排一天時間用蘇聯時代蒸汽引擎拖引列車，沿著位於湖上崖壁的環湖鐵路穿越山洞，蜿蜒行進至這條支線的終點貝加爾港，其間也會讓部分乘客登上特別加掛的柴油機關車，站在車外窄廊悠閒欣賞沿途的湖光山色。

停靠在貝加爾湖畔的金鷹號

1　從貝加爾港離開火車，搭船渡湖至 Listvyanka 小鎮的貝加爾湖博物館參觀後，我選擇不搭纜車，健行至山上的眺景點賞景拍照

2　布里亞特共和國的首都烏蘭烏德是俄羅斯對蒙古的門戶。居民大都屬於蒙古族，多數信奉藏傳佛教，是俄羅斯的佛教中心。

3　烏蘭烏德是連接西伯利亞鐵路與蒙古縱貫鐵路的交通重鎮，城郊有 17 世紀為逃避宗教迫害而移居至此的舊禮儀派信徒區，我們到信徒家中用餐並欣賞歌唱表演

行程中比較特別的一段是從烏蘭烏德離開西伯利亞鐵路，經由蒙古縱貫鐵路前往蒙古首都烏蘭巴托，造訪蒙古最大的藏傳佛教寺廟甘丹寺、到蒙古包用餐，並欣賞仿「那達慕」節慶賽會的蒙古傳統「男兒三技」騎馬、射箭與摔跤表演。不過和這些觀光節目同樣讓人印象深刻的，還有因蒙古包燒生煤所造成的空氣汙染，已讓烏蘭巴托成了新的世界霧霾之都。

抵達終點海參崴前的最後三天完全在車上度過，沒有任何停站遊覽，既辛苦又無聊。海參崴的旅館餐飲和觀光品質遠不及莫斯科，因此我整趟下來的的心得是應該選擇倒吃甘蔗的西向行程，回家前也可以在莫斯科採買到品質較佳的紀念品。

終點海參崴俄名「伏拉迪渥斯托克」（意為征服東方），是俄羅斯遠東最重要軍港，1992 年才對外開放，歷屆東方經濟論壇都在此舉辦。市區觀光以軍事堡壘要塞為主，最受歡迎的是展示真實退役潛艇的潛水艇博物館

	2
1	3

1　蒙古首都烏蘭巴托近郊的現代化蒙古包旅館。如今只有離開霧霾之都烏蘭巴托，才有辦法看到美麗的藍天
2　在郊野為遊客表演賺取小費的養鷹人
3　蒙古傳統男兒三技之一的摔跤。據說現在蒙古摔跤手穿的短上衣「昭達格」刻意敞開前襟露胸，是為了防範
　　女人參賽

來自世界各地旅客的匯流

同行乘客來自世界各地——美國、澳洲、新加坡、印度、巴西、西班牙、瑞士和台灣，各自帶著腦海中對西伯利亞的想像，一起登上這部列車。住蘇黎世的軟體工程師路茲，他為把地理課本上這些充滿異國情調的地名轉為實際印象，決定拿出大筆存款隨金鷹前進西伯利亞。來自紐約的潘蜜拉和甫退休的先生初次嘗試狹小空間的豪華列車旅行，她猜想只要「撐過」這趟十幾天的旅程，他們的餘生就能安心共遊世界任何角落。

工作人員以外，列車上也有不須付費的乘客。現居莫斯科的 27 歲似顏繪畫家古利夏是伊爾庫次克人，金鷹讓他免費搭車五天返鄉，但有三天下午他必須在 Lounge 為乘客無償畫肖像，這項空前（但不知是否絕後）的附加服務，沒想到竟是此行列車上除了一成不變的鋼琴演奏外，唯一的「娛樂」活動。另一位平時在倫敦執業的列車醫生喬也是初次搭乘，負責提供同行旅客醫療諮詢與協助，以換取這趟免費旅程。出生於倫敦的她父母皆波蘭人，二戰期間曾被送往烏拉山區不同的集中營，幸運熬過戰爭得到自由，之後在英國相遇並共組家庭。因為這段淵源喬想親眼看看，年輕時的父母徒步五個月才得以逃離的西伯利亞。

1　途經貝加爾湖區域，幸運站上加掛柴油機關車外廊的乘客紛紛探頭拍照。這裡是西伯利亞金鷹全程最風光明媚的一段，其餘沿線城市多為軍、工業城市

2　93 歲的伊莉莎白居住在華盛頓，是全車最年長的乘客，耳聰目明的她和善健談，至今仍常像這樣獨自旅行，成了我的偶像！

3　來自伊爾庫次克的年輕畫家古利夏幫我畫的肖像

拜訪永恆的主角——白樺樹

我呢，其實是希望藉由造訪《齊瓦哥醫生》電影中的幾個故事地點，重溫記憶中的浪漫場景，同時印證俄國詩人如普希金、萊蒙托夫和葉賽寧所描述的白樺樹之美。整趟下來我才明瞭，西伯利亞鐵路其實是歷史上為資源與戰略而開發的鐵路，除了全線亮點貝加爾湖以外，沿線都是採礦、化工和重工業城鎮，空氣汙染嚴重，根本看不到像北海道乾淨靜謐的田野農牧風光。

金鷹沒有開放式觀景車廂，無法打開的列車車窗完全沒有清潔擦拭，一天比一天混沌模糊的窗景，對像我這樣樂於享受沿途景致的乘客來說著實折磨。而且我也總算明白，為何纖細

優雅的白樺會成為俄國詩文中永恆的主角……每當我望出窗外，無止境的草原和小丘上不是松樹，就是白樺。

路途的顛簸搖晃也遠超過想像。我理解人口稀少的西伯利亞冬夏最大溫差逼近攝氏 100 度，不能把位於如此艱難環境中、約合 25 個台灣長度的軌道維護品質與日本鐵道相比，但不明原因緊急剎車常常讓我失去重心，以及經常發生類似接換車頭等動作所產生的劇烈撞擊感。某夜的瘋狂趕路更讓許多人房內衣櫃的東西都掉了出來，第二天來自雪梨的羅莎一臉無奈的對我說：「昨晚妳有被嚇醒嗎？我幾乎以為車快翻了……心想我的生命該不會要終結在西伯利亞？！」

頂級鐵道之旅

窗外望去常是一片無盡的白樺林

窗外另一種常見的「景色」，是連續一兩百節、滿布塵灰呼嘯而過的各種貨運火車。除了化學槽車之外，更多載運的是木材或煤礦

遇見戰鬥民族的笑容

車上料理可口但不出色，烹調欠缺變化，只有魚子醬餐和貝加爾湖的歐姆魚，因食材特別留下較深印象。一路上我完全不敢回想，才不過一個月前在四季島列車上享用的迷人美食，金鷹餐餐不變須靠大量奶油下嚥的冷麵包，讓我哀怨之餘又忍不住拿亞洲東方快車多變又美味的熱餐包相比。若能用點心加個烤熱麵包動作，不就能讓客人的印象大大加分？

儘管列車舒適度與料理精緻度不如期待，能增加經驗與增長見聞的旅行對我來說還是有趣的。上過俄文課後，我才知道俄文中根本沒有像「先生」、「小姐」這樣的稱呼，尊稱來自「你」和「您」的文法用法差別。俄國人的全名都有三個字（名＋父稱＋姓），熟稔的親友間都以名字或小名相稱，對長輩長官則加上父稱以表尊敬，難怪我大學時讀俄文翻譯小說人名都又臭又長，對列車服務員一見面就直呼客人名諱之謎也才恍然大悟。

了解文化上不習慣笑的俄國服務員，是經過多少學習才有辦法在我面前自然燦笑後，即使他們的服務方式較粗獷，我卻越來越喜歡斯薇特拉娜和羅曼的誠懇率直。經過 13 天的比手畫腳，知道年齡和我相近的斯薇特拉娜有七個女兒，我也意外發現她有演默劇的天分；靦腆的羅曼在我生日當天早上到我房間，紅著臉、結結巴巴用他剛學的中文對我說「生日快樂」。

經歷 12 個近乎粗暴的晃動難眠之夜，在軌道上奔馳一萬公里、造訪俄羅斯和蒙古九個市鎮後，我對俄羅斯與西伯利亞留下另一種或許較為落實、卻也未必真實的全新印象。至於值不值得花如此高的代價以達到這個人生的新境界與新「里程碑」，就端看個人感受了。

頂級鐵道之旅

1　據說俄羅斯有上百種羅宋湯食譜，一路下來大概也喝了十幾種。越靠近莫斯科甜菜根放越多，顏色越紫紅

2　如今代表俄羅斯的伏特加，其實是彼得大帝從德國帶回來的「壞」東西，害得俄羅斯男人因酗酒而短命。17 世紀以前的俄羅斯人只喝酒精度 5% 的蜂蜜酒

3　魚子醬餐搭配伏特加酒，是離開莫斯科後第一個全日火車上行程的晚餐「節目」，紅、黑魚子醬和俄羅斯薄餅可以吃到飽

4　遊貝加爾湖區其中一天的晚餐有歐姆魚（貝加爾白鮭），是貝加爾湖的特有魚種，口感特別但不算好吃

郵輪式列車—西伯利亞金鷹號

俄羅斯

1 【莫斯科】麗思卡爾頓——擁有全莫斯科最溫暖笑容的五星級旅館

2018 年 7 月中旬，我在莫斯科觀賞完世足賽後，為銜接下旬跨越西伯利亞的金鷹火車之旅，我繼續停留莫斯科一週休養生息，順便觀光。世足賽期間全莫斯科人山人海旅館一室難求，在決賽結束後第二天，我總算可以搬到我原本最屬意的莫斯科麗思卡爾頓酒店。

2007 年開業的麗思卡爾頓酒店位在莫斯科市中心紅場附近，步行僅需五分鐘即可到達紅場入口，前往克里姆林宮、聖巴西爾大教堂和莫斯科最知名的高檔百貨古姆（GUM）都十分方便，立地條件絕佳。雖然另一個我也很喜歡的知名旅館品牌四季就在旁邊，甚至比麗思卡爾頓更新、更接近

紅場，但相對於莫斯科四季酒店時髦的冷調裝潢，我還是偏愛麗思卡爾頓一貫的古典溫暖。

位於特維爾大街上的麗思卡爾頓建築樓高 12 層，總共有 334 個房間，包括 65 間套房，最大的總統套房曾被 CNN 選為全世界最貴的旅館套房之一。2007 年完工開幕的折衷主義風格建築融合古今，立面古典堂皇，不過最高的 10 和 11 樓外牆卻是新穎的玻璃帷幕，與其他樓層完全不同。這兩個樓層的房間為行政樓層（CLUB FLOOR）客房，被稱為「旅館中的旅館」，入住這兩個樓層的房客可以享受更細膩頂級的環境與服務。行政樓層與部分其他樓層套房的房客，可使用 11 樓的行政貴賓廳（CLUB LOUNGE）——這個我旅遊世界各地至今印象中最奢華高貴的旅館貴賓廳，免費提供早午晚簡餐、午茶點心，以及無限供應的茶水咖啡等。

1　麗思卡爾頓酒店鄰近莫斯科最美的古姆百貨商店街
2　麗思卡爾頓外觀古典，但最高的兩個樓層卻是時尚的玻璃帷幕，讓位於此的行政樓層套房視野更佳
3　行政套房客廳具一貫的古典溫暖色調，是最典型的麗池卡爾頓式顏色與裝潢

即使為世足賽停留莫斯科期間我們全程有專人照顧接待，一週下來多數地方的俄式效率與服務態度還是讓我感到相當疲憊沮喪。沒想到一踏進麗思卡爾頓，彷彿進入另一個時空！

首先站在大廳、唯一工作就是負責微笑問候客人的紅衣妹妹們各個都賞心悅目，光這一點就讓人心情愉快。我抵達時正是大批觀賽客人要退房離開的時間，大廳人山人海一團混亂，應對優雅的值班經理維多利亞在了解應為我辦理入住手續的貴賓廳因清潔整理暫不開放，而房間也尚未整理好之後，立即安排我們前往大廳餐廳休息等待，並提供一人 15,000 盧布（約台幣 6,000 元）額度的餐費自由使用，驚人效率讓我驚艷。

在全民不苟言笑的俄羅斯，莫斯科麗思卡爾頓酒店貴賓廳的禮賓人員擁有全莫斯科最讓我難忘的溫暖笑容。我連續住宿八晚，每天除了在貴賓廳望出窗外會看到紅場克里姆林宮的建築群，幾乎沒有一刻感覺到自己在跟俄羅斯人打交道。由於行前在台灣能蒐集到的莫斯科旅遊資訊相當有限，每天值班的禮賓人員都得應對我各式各樣的提問與要求，像是建議適合的觀光景點及美術館、最受歡迎的餐廳或活動等，還要回答我一堆跟俄羅斯社會文化有關的疑問。一天早上，我只是好奇詢問一位年輕禮賓人員附近看到的拳擊與車展活動內容，晚上她就主動把相關資料整理好並印給我了！

頂級鐵道之旅

1 莫斯科麗思卡爾頓酒店的行政貴賓廳裝潢奢華，禮賓人員服務細膩溫暖
2 美國前總統歐巴馬曾經到 O2 LOUNGE 露臺區這個位置用餐

頂樓玻璃屋頂內的 O2 Lounge 餐廳摩登時尚，有著與旅館整體古典風格迥異的現代裝潢，在這裡的露台區用餐可以俯瞰紅場、克里姆林宮和聖巴西爾大教堂，是莫斯科最夯的用餐地點之一。2009 年 7 月美國前總統歐巴馬，就曾在這裡與全家一起眺景用餐。

　　除了 O2 Lounge，一樓於 2019 年末新開的義大利菜餐廳 Sartoria Lamberti 也獨具特色，餐廳裝潢有如高級訂製服裝的工作室，做菜過程與菜色彷若裁縫師特別為顧客縫製作品，用餐區則像是有著華麗沙發和桌椅的試衣間，即使沒有機會入住酒店，也值得前往用餐，在得到許多設計獎項肯定的絕美空間品嘗美食，同時欣賞莫斯科上流社會的型男靚女與衣香鬢影。

莫斯科麗思卡爾頓酒店

地址
Tverskaya Street 3,Moscow

電話
+7 4952258888

官網
https://www.ritzcarlton.com/en/hotels/europe/moscow

玻璃帷幕屋頂下的 O2 LOUNGE

2 【莫斯科】杜蘭朵——
俄羅斯餐飲界傳奇大亨打造的絕美餐廳

談到莫斯科，另一個不能不提的不是飯店，而是「杜蘭朵餐廳」。遊覽莫斯科的豪華團行程，通常都會選在市中心普希金廣場附近的這家餐廳安排一頓午餐。走進這棟低調又不起眼的19世紀建築，穿越灑著亮眼陽光的義大利式迴廊中庭乍入幽黯的用餐區，鮮有人不為突然映入眼簾的奢華空間驚嘆連連——宛如巴洛克宮廷的圓形餐室，裝飾繁複絢麗到讓人眼花撩亂。

在杜蘭朵用餐，你或許不會記得食物的味道，但彷彿於宮殿中進膳的經驗保證難忘。這個曾號稱全世界造價最貴的餐廳開幕於2005年，據說耗資15億台幣，花費六年時間以手工打造。蘇聯解體後20多年來，莫斯科在「全球億萬富豪最多城市」排行榜向來名列前茅，2018年更勇奪第一，隨著經濟起飛誕生的奢華餐廳多不勝數。如今杜蘭朵餐廳裡天天坐滿朝聖的外國遊客，其中又以中國觀光客居多，外國訪客在杜蘭朵短暫的停留時間中，可以稍微見識想像俄羅斯鉅富揮金如土、紙醉金迷的一面。

擁有全球知名度的杜蘭朵有其非看不可的代表性，因為混和了從文藝復興到晚期巴洛克等各類宮廷藝術風格的古意空間中，使用了大量的真品骨董建材和擺飾，家具器皿與餐具更是十分考究，全都是由俄羅斯餐飲界的傳奇大亨 Andrei Dellos 所精心設計，豪奢卻不庸俗。

有法國爸爸和俄羅斯媽媽的 Andrei Dellos 生平經歷與他的出身同樣有意思。他曾經是畫家、聯合國通譯、藝術修復師和建築商，如今他的餐飲集團 Maison Dellos 旗下不但有多家得獎餐廳，還擁有一批專業的建築裝修與藝術團隊。有別於一般奢華炫富的餐廳，Dellos 的餐廳有故事、有主題，總能在特別營造的享樂氛圍中觸動人心。

莫斯科雖然是俄羅斯永遠的首都與心靈故鄉，但文化藝術最絢爛奪目的18～19世紀，帝國首都卻因崇尚歐洲而移轉聖彼得堡。Dellos 除了玩味他最擅長的歐陸與法國元素，更藉由杜蘭朵，向相對根性質樸的莫斯科介紹當時流行於聖彼得堡貴族世界的「中國風」（Chinoserie）藝術，因而在這裡除了可以欣賞到中國風情調的器物圖騰，還可以吃到中、日式菜餚。

1　中央挑高的天藍色穹頂下，一盞重達 1.5 噸的華麗水晶吊燈由 12 根金色科林斯柱頂的石柱圍繞，在一片金碧輝煌中閃耀著奇異迷離的粉紫色彩

2　杜蘭朵的美食呈現也走華麗風，但不如絕美奢華的用餐環境讓人印象深刻

如果時間有限又不想把重點只放在「吃裝潢」，我推薦 Dellos 最成功也最知名的餐廳「普希金咖啡館」，就位在杜蘭朵餐廳旁。這間看起來像有至少百年歷史的餐廳其實開幕於1999 年，紀念俄國最偉大文學家普希金的 200 年誕辰，雖然餐廳和建築本身跟大文豪一點關係也沒有。餐廳的命名典故相當浪漫，靈感來自法國歌手 Gilbert Bécaud 創作於 1964 年的名曲〈娜塔莉〉，歌詞描述了與美麗俄羅斯導遊娜塔莉的邂逅與戀情，其中的虛構場景普希金咖啡館於是成了法國人對莫斯科最浪漫美好的憧憬與想像。Gilbert Bécaud 雖於 2001 年逝世，但餐廳開幕時還曾受邀演唱。

這幢 18 世紀晚期的建築，在 Dellos 的巧手下轉化為普希金時期貴族宅邸般的餐廳，提供經典美味的 19 世紀俄羅斯上流社會餐點，是品嚐道地俄式餃子與甜菜羅宋湯的好地方。由於餐廳建築曾被用來開設藥房，餐廳一樓保留了藥房的櫃檯並展示許多骨董器材藥瓶，氛圍別緻優雅，不過我更喜歡在二樓較為明亮的圖書館用餐，在古董書籍和望遠鏡、地球儀的圍繞下，由穿著 19 世紀服裝的侍者服務，實在是太古典太文學太詩意了！24 小時不打烊的驚人營業時間提醒著訪客，不眠的莫斯科在優雅面貌下，還有越夜越美麗越瘋狂的另一面。

甜點控千萬不要錯過與杜蘭朵餐廳在同一棟建築內的「普希金咖啡館甜點店」。同樣由 Andrei Dellos 設計的甜點店 2006 年開始營業，延請法國甜點大師 Emmanuel Ryon 主導設計，也提供輕食簡餐。不過這些精雕細琢如藝術精品的俄法聯姻糕點，和店內粉嫩奢華的巴洛克裝潢陳設一樣，對我來說都太甜膩了，吸引力反不及 Maison Dellos 的另一家餐廳「Shinok」。

1	
2	3

1　右邊數過來第二排的「普希金玫瑰」是普希金咖啡館甜點店最具代表性的糕點，由 Emmanuel Ryon 設計，白巧克力的玫瑰花瓣包裏用開心果、優格和莓果製作的內餡

2　普希金咖啡館建築曾為藥房，一樓櫃台保留了許多藥房骨董器材做為裝飾，二樓則使用大量古書與擺飾，營造出 19 世紀貴族宅邸圖書室的氛圍

3　Shinok 餐廳內打造了一個很厲害的「玻璃農場」，客人可以邊用餐邊欣賞雞、兔子、雉雞、孔雀和山羊在玻璃農場內閒逛，還有一位穿著傳統服裝的婦人在裡面「生活」，做著編織手藝或照顧禽畜

Shinok 位在莫斯科世貿中心對面的
舊倉庫建築中，提供烏克蘭風味菜餚，
訴求使用俄羅斯優質的農場食材。融
合了工業 LOFT 風和民族風的裝潢熱
鬧溫馨，印象中吃到的酸菜豬腳和巧
克力核果派味道都不錯，是好吃又好
玩的餐廳。

　　Maison Dellos 在莫斯科目前開設
九家餐廳，以及一個平價連鎖餐廳
「Mu-Mu」。造訪 Maison Dellos 的餐
廳，不但可以品嘗美食，還可以得到
如參觀美術館般的樂趣。如果不想花
大錢吃大餐，不妨到 Mu-Mu 瞧瞧，因
為 Dellos 的設計，連價格親民的自助
快餐店也萌得有超有特色！

杜蘭朵 Turandot restaurant

地址
Tverskoy Boulevard 26, Moscow

電話
+7 4957390011

官網
https://www.turandot-palace.ru/en/

Shinok 開放式櫃檯上放著迷你溫室，上方飾有乾燥的農產品如大蒜、辣椒，牆上掛著舊平底鍋當裝飾，並使用民俗風椅布，溫暖熱鬧的氣氛調和了工業風的倉庫環境

亞洲東方快車 ————
真正馳騁東方的東方快車

　　誕生於 1883 年的東方快車（Orient
Express），大概是少數歲數過百的現
役傳奇火車，歷經多次停駛又復活奔
馳於軌道上。1934 年被英國推理小說
家阿嘉莎·克莉絲蒂設定為其知名小
說《東方快車謀殺案》的故事場景後，
不但不讓人感到忌諱，反而更顯神祕
高貴，多年來隨著暢銷小說與多次改
編的人氣電影戲劇知名度水漲船高，
早已成為奢華旅遊與豪華列車中永遠
的經典。

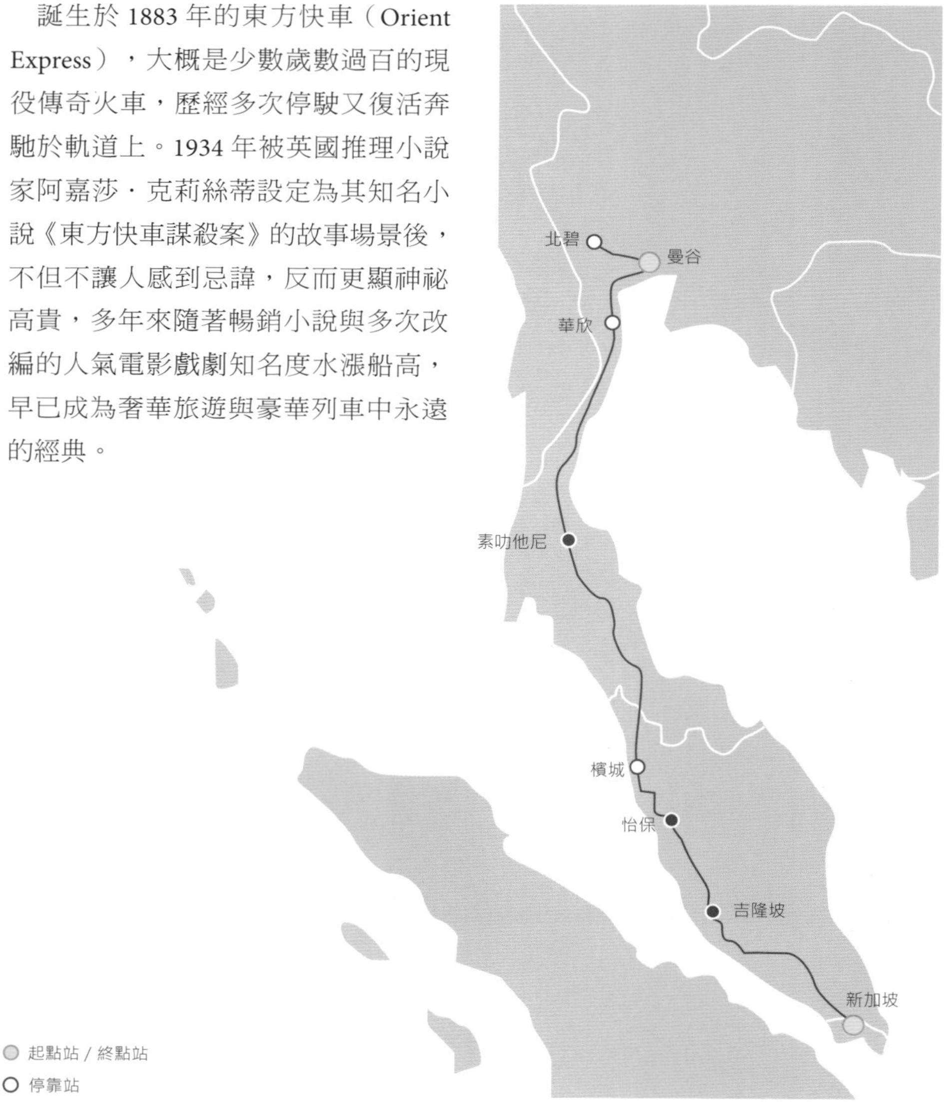

北碧　曼谷

華欣

素叻他尼

檳城

怡保

吉隆坡

新加坡

　● 起點站／終點站

　○ 停靠站

亞洲東方快車的總統套房內部空間最寬敞，白天床鋪會收為沙發椅

閒逸的火車慢旅

原始版本的東方快車早已走入歷史，1982 年復活版的「威尼斯辛普倫－東方快車」（Venice Simplon-Orient-Express）在老火車愛好者詹姆斯·舍伍德手中重生，最遠運行於倫敦與伊斯坦堡之間，車上的裝潢設施以及服務餐點，皆依五星級酒店的標準提供，期待能讓乘客體驗百年前優雅的貴族旅行氛圍。同公司旗下真正位在東方的「亞洲東方快車」（Eastern & Oriental Express）則於 1993 年首發，比照行駛於歐洲的姐妹列車辛普倫列車打造，通過馬來半島連接曼谷和新加坡，跨越泰、馬、星三國，全程長達 2,030 公里。

2013 年，一趟四天三夜的亞洲東方快車之旅，從曼谷南奔新加坡，讓我從此愛上了精緻優雅的火車旅行。雖說是頂級臥鋪列車，那三個晚上其實有點辛苦，因為火車行進中搖晃得相當厲害，聲音又大，夜裡睡得並不安穩。不過一趟體驗下來，我倒覺得這一點正是火車旅行最教人難忘的特色與趣味！

1　復古風格的亞洲東方快車車體以綠色和杏色為主，由於上路已 20 幾年，外表稍顯老舊

2　曼谷的東方快車專屬候車室（四天三夜行程起點）相當簡單老舊，感覺就像 20 ～ 30 年前的航空公司貴賓室

3　剛抵達曼谷華藍蓬車站時看到的景象，讓我小小擔心了一下──辦理手續的櫃台不但超級簡單，前往月台沿途堆滿雜亂貨物，我們還與全車巨量的毛巾一起登車！這些不可思議的場景後來都成了有趣的回憶

郵輪式列車—亞洲東方快車

濃厚古典氣質的列車硬體和裝潢

亞洲東方快車內部裝潢相當典雅，壁面多貼有拼花木皮，厚重的顏色營造出歐洲殖民風格的沉穩氣氛，與歐洲版類似，唯有列車人員制服和四處擺放的紫色蘭花能讓人感受到東南亞風情。

列車最長可連結 22 個車廂（會依實際乘客數調整車廂數），除了客房車廂，還連結餐車、酒吧車、沙龍車，以及尾端開放式的景觀車廂，長度十分驚人。抵達泰北湄公河邊的桂河大橋站時，由於列車太長，乘客必須集中到沙龍車廂下車，剩餘的車廂，則仍然橫跨在桂河大橋上！

列車上的客房分三等：總統套房（11.6 平方公尺）、豪華套房（7.8）和標準客房（5.8），都有自己的衛浴設備。標準客房較窄，內部只有一個長沙發及走道空間，因此晚上睡覺時是上下鋪；豪華與總統套房則是並排的床鋪。不過即使是總統套房，床鋪在白天也會收折成沙發椅。比較特別的一點是，列車房間沒有鑰匙，任何時間都無法上鎖──不知道阿嘉莎·克莉絲蒂是否因此得到書寫謀殺案的靈感？

亞洲東方快車有開放式的景觀車廂，是有別於日本豪華列車與金鷹的特色

亞洲東方快車的豪華套房有兩張並列床鋪，白天則收折為一長一短的兩張沙發

漫遊東南亞鄉村風情

　　離車行程中只有一個上午停站參觀桂河大橋，以及一個下午遊覽馬來西亞的檳城，其餘時間基本上都是被關在火車裡。

　　用餐以外，車上時間多到怕客人無聊，所以他們想了很多方法娛樂客人，像是下午茶、腳底按摩、沙龍鋼琴表演和算命，還有熱帶水果課程、馬來舞蹈表演等，但又不會安排得過度緊湊，仍有不少空檔可以閒適的在酒吧沙龍聊天小酌，或看著窗外的風景發發呆，在火車上的時間相當輕鬆悠閒。此外，火車上還提供免費代寄郵件服務，一上車服務人員就會送上一套文具，裡面有三張明信片、信封信紙和筆，鼓勵閒著也是閒著的客人寫信打發時間。

1&2　亞洲東方快車南下行程期間會在泰國的桂河大橋以及馬來西亞的檳城下車遊覽。雖然都是專屬行程，但遊覽地點與內容並不獨特，一般陸地行程遊客也可以自行安排

融合東南亞風情的星級餐點與服務

我搭乘的班次有兩節餐車，裝潢風格略異，列車會刻意安排不同車廂桌位用餐以營造新鮮感。在東方快車的餐車用餐（早餐和下午茶在房內），氣氛就像在高級餐廳吃飯一樣，用餐時間小小的餐車內連服務人員擠了 30 幾個人，不過由於調配得當，侍者們在窄小的走道熟練優雅的錯身穿梭，一點也不會覺得空間狹小。

不論早午晚餐列車都在行進中，感覺上製作頗有難度，但餐點卻是出乎意料的一級棒！菜色巧妙融合法式和東南亞風味，很難想像這些米其林星級的食物，竟是一群廚師擠在一節小小的廚房車廂中「搖搖晃晃」做出來

的！所有泰籍侍者都熟練卻不油滑，非常討人喜歡。在高腳酒杯互相輕觸的清脆叮噹聲中，邊欣賞窗外流動的風景邊用餐，是我對東方快車念念不忘的美好回憶。

固定負責我這桌的侍者 Pramoch 是泰國人，非常可愛。他自稱是劉德華的超級粉絲，雖然不會說中文，但華仔的每首歌他都會唱，因此連兒子都取名 Wachi（華仔的廣東話發音）。我沒機會聽 Pramoch 高歌，倒是很愛看他的「湯匙秀」——每頓飯餐畢上甜點前，他都會表演一段在桌面上滾動湯匙清除麵包屑的絕招，動作神奇流暢，煞是好看。

頂級鐵道之旅

亞洲東方快車行程和節目遠不如日本郵輪式列車那般緊湊精彩，但由於餐點美味可口，我每天都非常期待用餐時間來臨，尤其是晚餐時可邊用餐邊享受黃昏的光影變化，氣氛浪漫

1　餐車車體和裝潢雖較老舊，但氣氛十分溫馨，泰籍服務人員個個可愛親和，全程用餐經驗都讓人非常愉快

2　我的房間服務員 Fanun 從開業起就在亞洲東方快車服務，是全車最資深的一位，應對態度非常誠懇有禮。他每次進來服務都是以跪姿談話或上菜

3　早餐和下午茶都在房內享用，由各車廂管家負責準備並送進房內

東方快車上廚師、管家、餐廳侍者、音樂演奏和調酒師各有專人。每一節客房車廂都有一位 24 小時待命的管家服務，早餐和下午茶也都由管家負責準備並送到客人房間。除了法籍總主廚和義籍火車經理，隨車服務人員多為泰籍，幾乎每個人都已在亞洲東方快車服務多年，個個經驗老到，相處起來非常舒服。我的房間服務員 Fanun 從開業起就在亞洲東方快車服務，是全車最資深的一位。但沒想到如此經驗老到的員工完全不擺架子，

應對態度如此的誠懇有禮。Fanun 很喜歡說謝謝，我按服務鈴叫他進來，他都會笑咪咪的說：「謝謝您叫我，請問有何吩咐？」

東方快車免費提供的備品、行李牌、閱讀資料、地圖都很精緻。車上有個小 boutique，販賣有東方快車商標的專屬商品，像是皮件、絲巾、餐具、飾品、T 恤等，質地設計相當精美，還有精裝復刻版的小說《東方快車謀殺案》，都很值得收藏紀念。由於亞洲東方快車的主色調是綠色，因此唯一不建議國人買的大概只有帽子！

看到火車上紀念品店販賣精裝復刻版的小說《東方快車謀殺案》，感覺還是有點怪怪的……只能說，老外真的百無禁忌

車上的精品店其實只是在過道上的幾個小展示櫃，品項不多但都很精美，值得買回家做紀念。不過由於車子的代表色是綠色，唯一不適合我們的大概只有綠帽子！

新加坡

1 【聖淘沙】嘉佩樂酒店——
神祕熱帶島嶼上的歷史情懷

說起新加坡的豪華酒店，最具代表性的就是洋溢著殖民色彩的「萊佛士酒店」（Raffles Hotel），歷經兩年半整修後於 2019 年底重新開幕，較以往更顯尊榮華貴。又或是近年成為新加坡地標的「濱海灣金沙酒店」（Marina Bay Sands），其位於樓頂 200 公尺高度的空中花園與無邊際泳池，僅入住旅客可以享用。歷史名旅館或時尚新地標，各有擁護愛好者。

不過在新加坡的頂級旅館中，聖淘沙島上的「新加坡嘉佩樂酒店」（Capella Singapore）與前兩者也截然不同，可說是風格獨具。優雅奢華的嘉佩樂酒店開幕於 2009 年，距離新加坡市中心僅十分鐘車程，卻有著與新加坡花園城市形象迥異的熱帶雨林風情，幽靜神祕的藏身於島上一隅。隱

密性高之外，由於進出聖陶沙島僅有一條道路，易於管控安檢，2011 年曾被天后孫燕姿選為大婚場地，2018 年6 月更成了川金會的舉辦場所，讓這個原本僅受到考究旅人注意的低調旅宿從此聲名大噪。

抵達嘉佩樂的第一眼就讓人印象深刻，很難想像在熱鬧有如主題樂園的聖淘沙島上，竟有占地如此寬闊又靜謐的世外桃源。大廳所在的兩層樓高白色殖民時代建築「丹那美拉」（Tanah Merah），曾為英國皇家砲兵團軍官所使用，充滿故事性的歷史感相當迷人。普立茲克建築獎名建築師 Norman Foster 從這古老建築延伸，以俯瞰呈「8」字流線形的新客房建築與之連結呼應；著名園林設計師 Allen Certon 融合地貌於新舊建築間種植熱帶植物，打造出風格自然的林園步道，大師們揉合古今對比東西的巧思讓人驚嘆連連。

曾為英國皇家砲兵團軍官所使用的白色建築「丹那美拉」，是有著美麗戶外長廊的殖民時代建築，建於
1880 年代

112 間客房包括位於主樓的花園房、海景房、觀星房（77 平方公尺）與 11 間套房（86 及 100 平方公尺），另有 38 棟分散林間的單室或雙室別墅（133 及 186 平方公尺 villa），以及三個超豪華的獨棟多房莊園大宅（manor），室內外的空間規模皆傲視新加坡。

我造訪時有兒子同行，因而選擇雙室別墅。雖然 Villa 內有私人泳池，但我更愛坡地上數個錯落於蔥鬱綠意中、設計靈感來自於梯田的公共泳池。客人只要來到泳池邊躺椅坐下，貼心的服務人員就會立即送上大毛巾、冰水和芒果奶昔。

頂級鐵道之旅

嘉佩樂酒店的標準房室內空間不但是全新加坡最大，也是唯一擁有獨立別墅與莊園大宅的旅館。室內裝潢由已故設計師 Jaya Ibrahim 負責，可以感受到類似他北京頤和安縵「Jaya 風」的大器簡約。圖為雙室別墅的客廳

以梯田為靈感的酒店造園呈現自然雨林風情，幾個泳池分別位於不同高度自成一區。即使是公共泳池，前來游泳或做日光浴的宿客，都能保有相當的空間與隱私

全天營業的 The Knolls 是旅館內我最喜歡的餐廳，可俯瞰梯田式泳池及南中國海，氣氛輕鬆悠閒。內容豐富的早餐融合中西及南洋、娘惹菜式，菜色每天都有微調變化，每天都會提供現做的雲吞湯或叻沙等亞洲風味麵食，再加上一整顆新鮮椰子汁，入住嘉佩樂期間早上我哪裡都不想去，只想留在飯店裡，在飯店飼養的寵物孔雀家族陪伴下悠閒的吃早餐。

中餐廳凱嘉（Cassia，意思是決明子）由名設計師傅厚民設計，裝潢精緻典雅，提供的現代粵菜以中國南部菜餚為主，融入汲取自南洋香料之路的創作靈感。我有一個晚上特地留在飯店前往凱嘉用餐，不論是菜色口味和服務皆屬上乘，是非常舒服的用餐環境。

頂級鐵道之旅

中餐廳凱嘉由設計香港奕居（The Upper House）的著名設計師傅厚民設計，裝潢以深木色、白、墨綠為主，復古又時尚，和菜色同等精緻優雅

The Knolls 的早餐內容豐富，吃起來輕鬆自在讓人超開心，還會有孔雀家族現身陪伴

酒店內我最鍾愛的室內空間則是LOBBY 二樓的圖書室，除了可在這舒適古典的空間中安靜閱讀，每天下午也可以在此享受免費的南洋殖民風下午茶。由於室內外空間動線流暢融合巧妙，是難得讓人不論在房內或公共空間移動停留，都能感到輕鬆自在的旅館。

　　酒店的水療中心 Auriga Spa 面積 2400 坪，總共僅九間芳療室，每間都擁有戶外私人花園與自然光線。入住三晚我前往體驗兩次，芳療師手法純熟又細心體貼，讓我相當滿意。若有機會入住，千萬不要錯過！

CAPELLA SINGAPORE

地址
1 The Knolls,Sentosa Island,Singapore 098297

電話
+65 6377-8888

官網
https://www.capellahotels.com/en/capella-singapore

嘉佩樂大廳二樓圖書室

2 【海灣區】浮爾頓灣酒店
——欣賞新加坡最美天際線的海灣珠寶盒

前往新加坡遊玩，重視旅館窗景的旅人或許會選擇入住近年的觀光熱點「濱海灣金沙酒店」，不論是往中央城區或濱海灣花園方向，日夜都可眺望獅城美景。不過我更喜歡海灣北邊的「新加坡麗嘉登美年大酒店」，高樓層正中央的「美年套房」擁有左從濱海灣花園右到城區高樓群、更為開闊的星國景致。但若同時還希望旅館房數少，能鬧中取靜並有更細膩的服務，市中心的最佳選擇，就只有隔著海灣與金沙酒店相對望的「浮爾頓灣酒店」（The Fullerton Bay Hotel Singapore）了！

浮爾頓灣酒店位於新加坡河口的海灣區（Marina Bay），是「浮爾頓歷史文化區」六座主建築物之一，鄰近同集團的新加坡地標「浮爾頓酒店」（The Fullerton Hotel Singapore）。在金沙酒店出現以前，原為郵政總局的浮爾頓酒店一直是此區最吸睛的建物，外牆雄偉的多立克式柱廊十分壯觀。這個完工於 1928 年的新古典主義建築，還曾做為醫院、俱樂部、政府辦事處等多種用途，從 2001 年起華麗變身為擁有 400 個房間的五星精品酒店至今，也已於 2015 年起成為新加坡的第 71 號國家紀念物。

浮爾頓酒店的前身曾是郵政總局，因此旅館地下室有「浮爾頓遺產畫廊」，參觀者可以向展示的紅色老郵筒投寄郵件

1　從浮爾頓灣酒店往市區回眺，可看見 1928 年完工的新加坡舊地標建築浮爾頓酒店

2　紅燈碼頭原名克里福碼頭，曾是新加坡先民的登陸點，因懸掛引航船隻的紅燈籠而被稱為紅燈
　　碼頭。歷史紅頂建築內部如今成為浮爾頓灣酒店的入口與餐廳

浮爾頓灣酒店比浮爾頓酒店晚大約十年開幕，是同集團的姊妹旅館，但不論軟硬體皆更為新穎時尚。像珠寶盒般的玻璃帷幕現代建築矗立於波光粼粼的海面上，白天反射陽光夜裡自燦輝煌，在名建築設計師傅厚民（Andre Fu）的巧妙安排下與周邊的海景及歷史建築呼應結合。一旁見證了新加坡發展史的紅燈碼頭，現在是旅館別緻的出入口大廳。紅色屋頂的古蹟建築內，屋頂下方保留了原建築特色的拱型屋架，最深處則為旅館的摩登法式餐廳 THE CLIFFORD PIER。

右轉通往旅館大廳櫃檯的長廊地面，因鋪設有米色與金色的大理石馬賽克而閃閃發光；一旁靠海的整排桌椅區即為下午茶與輕食餐廳 The Landing Point，提醒著人們這裡曾是先民的「著陸點」，每次進出旅館都彷彿通過新加坡歷史的時光隧道。從長廊盡頭進入酒店客房所在現代化的玻璃屋門廳，華麗的水晶燈從挑高的屋頂如瀑布般流洩而下，復古中帶著時尚感。一樓的小酒館 La Brasserie 內部空間也十分精緻優雅，不論家具燈飾都很有看頭，吃早餐同時還可以品味各個角落的裝潢細節。

頂級鐵道之旅

一樓餐廳雖名為法式小酒館，挑高十公尺的空間裝潢非常精緻大器

浮爾頓灣酒店華麗的水晶燈從極度挑高的屋頂如瀑布般流洩而下，看似傳統的空間因獨特的比例顯得時髦不凡

全館僅 100 間客房，皆擁有大落地窗的迷人海景，不過最美的還是六間最大套房中的五個主題套房，分別以馬來、華人、印度、娘惹、殖民等新加坡的多元文化為主題裝潢，並以新加坡殖民時期的幾位州長和總督命名。我曾入住的羅賓遜套房（1877 年至 1879 年的海峽殖民地總督）是位於四樓的角間，可欣賞到以金沙酒店、蓮花形藝術科學博物館和摩天輪為主角的濱海灣景色。

此處的 SPA 因位於市中心，或許不像嘉佩樂那樣舒適有特色，但頂樓漂亮又時髦的 25 米泳池是不可錯過的網美打卡點，入夜還可以到泳池畔的屋頂酒吧 Lantern，邊小酌邊欣賞濱海灣璀璨迷人的無敵夜景！

The Fullerton Bay Hotel Singapore

地址 ——————————————
1 Fullerton Square Singapore 049178

電話 ——————————————
+65 6733 8388

官網 ——————————————
https://www.fullertonhotels.com/fullerton-bay-hotel-singapore

四樓角間的羅賓遜套房以 1877 ～ 1879 年海峽殖民地總督威廉·
克萊弗勒·弗朗西斯·羅賓遜州長的名字命名

近年遊日搭乘觀光列車蔚為風潮，日本各地為振興地方經濟，持續推陳出新各類介紹或體驗在地方風光的觀光列車，表現多元特色，不但展示歷史文化提供在地美食，還帶領乘客以慢遊方式欣賞美景。若嚮往夢幻的豪華郵輪式列車之旅，但時間或預算卻不允許的話，不妨考慮物超所值的觀光列車，再結合起終點的住宿和延伸旅遊，一樣可以安排出精彩美好的旅程。其實不光是日本，歐洲的鐵道王國瑞士也有豐富多樣的觀光列車行程，不論是欣賞壯麗高山景色的景觀列車，或是品嘗巧克力和起司的巧克力列車，都可以體驗到瑞士獨有的地方風情與特產！

觀光列車。

90 年歷史的阿爾卑斯山綿延景色

不讓日本豪華觀光列車專美於前，瑞士最知名的景觀火車「冰河列車」（Glacier Express；又譯為「冰河快車」、「冰川快車」）於 2019 年 3 月推出了比頭等艙更高級的艙等「尊爵艙」（Excellence Class），讓這輛可以輕鬆飽覽阿爾卑斯山湖光山色的列車魅力再升級。對已經體驗過冰河列車的旅人來說，又有了再次搭乘的動力！

冰河列車連結瑞士兩大頂級休閒勝地聖莫里茲與策馬特，車行穿越阿爾卑斯山脈最壯麗險峻的山區，總共經過 291 座橋和 91 個隧道，1982 年在富爾卡基線隧道（Furka Base Tunnel）開通之後，原本僅夏季營運的冰河列車才開始全年運行。行程經過的知名景點包括瑞士三角巧克力的原型馬特洪峰、全程最高點海拔 2,033 公尺的上阿爾卑山口（Oberalp Pass）、有瑞士大峽谷美名的萊茵峽谷（Rhine Gorge），以及高 65 公尺壯觀的朗德瓦薩高架橋（Landwasser Viaduct）等。

1930 年 6 月 25 日首發至今，紅白相間的車體外觀早已成了瑞士的代表形象之一，可能也是全世界最受歡迎的景觀列車。

起點站 / 終點站
停靠站

庫爾　達佛斯
迪森蒂斯
安德馬特
聖莫里茲
菲斯普　布里格
策馬特

觀光列車―瑞士冰河列車

雖名為快車（express），全程僅 291 公里車程卻費時八個鐘頭，因而讓冰河列車有了「全世界最慢快車」
的名號 /Glacier-Express 提供

瑞士匠人精神的展現

2019 年春天之前的冰河列車分為兩個艙等，皆擁有大片的觀景玻璃窗，但二等車廂一排四個座位（2 + 2），我曾搭過的頭等車廂則是三個座位（2 + 1）。全新的尊爵艙一排僅兩個座位，所有座椅都靠窗，保證每個人都可以享受到完整不受干擾的窗景。全車廂總共只能接待 20 名乘客，並由一位禮賓人員從迎接到提供餐飲，全程專責服務，因而價位雖近頭等艙十倍，卻仍一位難求。

車廂內部瑞士風格的木質裝潢溫暖氣派，米色真皮與布料拼接的電動座椅舒適又時尚，從可折疊的餐桌、杯架到各類小細節設計細膩新穎，都可以看出經營者的用心與企圖心。沿途除了綿延不絕的迷人景色之外，路上提供的五道菜全餐更讓車上時光毫無冷場。餐點全部使用瑞士食材並搭配不同餐酒，連餐後的起司盤也選用沿線名產。

1	
2	3
4	

1　新的尊爵艙設計概念以顏色與材質來表現阿爾卑斯山風情，桌腳和椅枕上也可以看到瑞士的國花雪絨花的圖案 /Glacier-Express 提供

2　冰河列車尊爵艙的桌面經過特別設計，讓酒杯與餐具可以更安穩的擺放，功能性與美感兼顧

3　行駛期間提供五道菜的高級全餐，以地產食材入菜並搭配免費餐酒

4　餐後的起司盤精選沿線的知名起司，包括維亞瑪拉起司、格西森的阿爾卑斯山區乳酪、阿雷奇起司和朗維斯羊乳酪

觀光列車—瑞士冰河列車

車廂內還附設有尊爵艙專屬的「冰河酒吧」（Glacier Bar），喜愛小酌的乘客可以離開座位到吧台區，邊暢飲邊欣賞酒吧上方精緻的鍍金指北大羅盤。我最喜歡的新增服務則是尊爵艙每個座位都提供一台平板電腦，內有窗外景點及車上商品餐飲的多語言介紹，隨時都可以了解行車路線、所在地點、景點與即時狀況，非常方便。一趟尊爵艙體驗讓我對瑞士充滿了信心與期待，因為除了日本以外，我想沒有其他國家比瑞士更適合推出類似九州七星、四季島和瑞風式的頂級列車了！

瑞士可說是歐洲的鐵道王國，不但全國鐵道四通八達安全便利，又有豐富的觀光資源，加上守法有禮的人民與製錶大國的精準特質，真讓人期待瑞士當局能克服萬難、整合各區國鐵與私鐵，打造出可住宿又結合獨特頂級下車觀光行程的尊爵郵輪式列車！

冰河列車的超大玻璃窗讓瑞士高山與鄉間的迷人景色盡收眼底，春夏綠意盎然山村風景如畫，冬季白雪覆蓋雄偉壯觀

1　冰河酒吧天花板下方的鍍金指北大羅盤

2　尊爵艙五道菜全餐的餐後甜點盤

3　每個座位都配置了平板電腦，內有窗外景點及車上商品餐飲的多語言介紹，使用起來非常方便理想

1 【策馬特】RIFFELALP RESORT 2222m——歐洲海拔最高的五星豪華酒店

世界名山中，外型特色獨具、讓人看一眼就印象深刻的，除了日本富士山以外，排名第一的大概就是瑞士的馬特洪峰了。馬特洪峰海拔 4478 公尺，是 19 世紀登山活動的「黃金時代」中最晚被征服的名峰，更是阿爾卑斯山脈「顏值」最高的山峰，瑞士知名三角巧克力（Toblerone）包裝上的山形商標，描繪的就是峰頂如金字塔尖的馬特洪峰。

不論是為親近或是征服馬特洪峰，最理想的下榻地點，就是山腳下的小鎮策馬特（Zermatt）。這裡不但是歐洲著名的富豪滑雪勝地，也是冰河列車的起終點站，城內因而有非常多家頂級的奢華旅館，像是 The Omnia、Mont Cervin Palace 或是 Hotel Zermatterhof，每家都擁有主打馬特洪峰窗景的豪華套房。

不過我心目中的 No.1，是遠離山城的「RIFFELALP RESORT 2222m」，獨自位於策馬特上方利菲阿爾卑（Riffelalp）的小高原上。「RIFFELALP RESORT 2222m」原名為「The Grand Hotel Riffelalp」，1884 年開幕後即成為歐洲上流社會趨之若鶩的休閒度假場所，至今仍是歐洲海拔最高的五星豪華酒店。從海拔 1,620 公尺的策馬特搭乘葛納葛特登山鐵道，約 20 分鐘即抵達標高 2,211 公尺的利菲阿爾卑站，一出站就可直接轉搭旅館自有的電力齒軌登山火車，再爬升至標高 2,222 公尺的旅館。電力齒軌登山火車首發於 1899 年，紅色復古外型非常可愛，目前仍是歐洲海拔最高、距離最短的路面電車。

1　馬特洪峰金字塔型的山巔造型獨特、孤高壯麗，有「阿爾卑斯山女王」美譽。幫馬特洪峰與瑞士知名三角巧克力包裝上的山形標誌拍合體照，是遊客百玩不膩的梗。

2　由可愛的紅色復古專屬電車迎接，在山林美景間緩緩穿梭前行……光是前往旅館的短短「旅程」就讓我童心大爆發，興奮極了！

3　有百多年歷史的老旅館主建築在 1961 年一場火災中全毀，如今的旅館建築是從 1998 年起重建，於 2001 年重新開幕，因此內部裝潢設計都相當新穎時尚，還有室外游泳池／RIFFELALP RESORT 2222m 提供

酒店外觀與內部裝潢都以瑞士傳統的森林木屋為主要風格，但傳統的木質建材中穿插搭配時尚冷調的石材與設計家具，氣氛優雅獨特。大廳牆上吊掛著金屬鹿頭取代傳統的獵物頭飾，旅館四處擺放了用羊毛和金屬、皮革製作的超可愛綿羊藝術品，要不是實在太重了，真的好想帶幾隻回家！

65 間客房中有 5 間套房，幾乎所有房間都能欣賞到馬特洪峰。我 2019 年夏季入住的「馬特洪套房」是全館最大房間，有兩個臥室可以入住四人，非常舒適。這裡還擁有歐洲最高的室外游泳池，滑雪季前來可以泡在溫水中欣賞白雪皚皚的山景，享受有如雪地泡溫泉的樂趣。住宿在海拔 2,222 公尺的高度，不但讓我感到更貼近美麗的馬特洪峰，藍天與星空似乎也觸手可及，浪漫滿點。

旅館旁山坡上，頸部綁著大牛鈴的牛群悠閒的四處嚼草，不絕於耳的鈴鐺聲是山區最悅耳的背景音樂，在旅館附近散步讓人心情愉悅。這裡有個知名的步道「馬克吐溫小徑」，從 Riffelberg 步行到 Riffelalp 距離約 2.2 公里，是美國名作家馬克·吐溫 1878 年造訪時的探險小徑。1884 年才開幕的旅館雖沒來得及迎接這位名作家，據信他應該看到了當年建設中的酒店。

我於 2019 年 8 月入住的「馬特洪套房」是全館最大套房，面積 103 平方公尺

1	
2	3
4	

1　黏貼在牆壁與天花板上數量龐大的瓷燕子生動自然，看起來就像正沿著天花板飛越頭頂

2　牆上裝飾著金屬鹿頭，大廳和走道到處都擺放了可愛的綿羊藝術品

3　運氣好的話，可以在附近看到當地特有的黑面羊

4　位於旅館主建築外的 Ristorante Al Bosco 有寬敞的露台，提供義大利和瑞士阿爾卑斯山系菜色，許多不住宿
　　在此的遊客會於中午特地前來觀景用餐／ RIFFELALP RESORT 2222m 提供

住宿策馬特的重頭戲，就是要早起步行到山區最佳地點，以最近距離與最佳角度欣賞馬特洪峰的黃金日出。要有好天氣，才能看到金黃色的光一點一點從山尖往下移，直到照亮整個山頭；若再加上好運氣，或許還有機會短暫看到整個山巔呈現絕美的玫瑰金色。懶得早起整裝外出的人，此時就會慶幸自己選擇住宿「RIFFELALP RESORT 2222m」——因為只需要從房間的窗戶外眺，或是披件浴袍走到陽台，就能飽覽馬特洪峰讓人永生難忘的絕美日出！

RIFFELALP RESORT 2222m

地址
Riffelalp Resort 2'222m, 3920 Zermatt, Switzerland

電話
+41 279660555

官網
https://www.riffelalp.com/en/welcome/

馬特洪峰的黃金日出「日照金頂」是旅人來到策馬特
非看不可的重頭戲

2 【琉森】布爾根施托克飯店與度假村——在瑞士山巔邂逅美麗女明星

琉森是我心目中最美的瑞士城市，不論是那世界上最哀傷動人的垂死獅子紀念碑，或是優雅獨特的木構廊橋「卡貝爾橋」，都讓我一見傾心。琉森絕美的湖光山色也成就了我最愛的瑞士酒店布爾根施托克飯店與度假村，規模恢弘又處處細膩，是一家至臻詮釋了低調奢華與頂級服務的精緻夢幻旅宿。

開幕於 2017 年的布爾根施托克飯店 & 阿爾卑水療中心（Bürgenstock Hotel & Alpine Spa）位於琉森湖南岸布爾根施托克（Bürgenstock）半島海拔一千多公尺的山間，旅館建築居高臨下，立地於可眺望湖景與阿爾卑斯山景的絕佳位置。從琉森搭乘旅館擁有的酷炫豪華雙體船（catamaran）前往旅館、沿途享受湖岸風光，本身就是一大享受；再從碼頭轉搭復古斜軌登山纜車穿越綠意，登上距湖面高度 500 公尺的旅館大廳，感覺就像身在電影《布達佩斯大飯店》的經典畫面中！

第一代旅館 1873 年開業，從 19 世紀末的「美好年代」至今雖歷經多次增建易手，仍持續吸引無數世界級的政商名流與影視巨星前來度假，其中最為旅館平添風華的，就屬奧黛莉赫本與蘇菲亞羅蘭。兩位傳奇女星都因愛上布爾根施托克之美而曾長期居留——赫本在這裡的小教堂與第一任丈夫結婚，羅蘭則與大製片家卡洛龐帝在此住了七年。

1	
	3
2	4

1　歷史風華與名流光環的加持，讓布爾根施托克的旅館魅力十足／Bürgenstock Hotel 提供

2 & 3 & 4　通往 Palace Hotel 的長廊牆上，有很多赫本、羅蘭及其他政商影視名人在此地拍攝的照片及旅館歷史文物影片，就像是個博物館的展間。1954 年，赫本與第一任丈夫在這裡結婚，蘇菲亞羅蘭則在這裡的別墅定居七年

AUDREY HEPBURN UND MEHR HAUS AUF DEM BÜRGENSTOCK, 1954. KEYSTONE/STR
THE ACTOR MEL FERRER, AND HIS WIFE, THE ACTRESS AUDREY HEPBURN, 1954. KEYSTONE/STR

AUDREY HEPBURN IN DER VILLA BETHANIA, IN DER SIE VON 1954–68 WOHNTE,
CA. 1954. ETH-BIBLIOTHEK ZÜRICH, BILDARCHIV/FOTOGRAF HANS GERBER
AUDREY HEPBURN IN THE VILLA BETHANIA, WHERE SHE LIVED FROM 1954–68, CA. 1954
ZURICH ETH LIBRARY, IMAGE ARCHIVE/PHOTOGRAPHER HANS GERBER

AUDREY HEPBURN SPIELT GOLF AUF DEM BÜRGENSTOCK, CA. 1954
ETH-BIBLIOTHEK ZÜRICH, BILDARCHIV/FOTOGRAF HANS GERBER
AUDREY HEPBURN, PLAYING GOLF ON THE BÜRGENSTOCK, CA. 1954
ZURICH ETH LIBRARY, IMAGE ARCHIVE/PHOTOGRAPHER HANS GERBER

ETH-BIBLIOTHEK ZÜRICH, BILDARCHIV, FOTOGRAF COMET PHOTO ZÜRICH
SOPHIA LOREN AT THE BÜRGENSTOCK GOLF CLUB, CA. 1960.
ZURICH ETH LIBRARY, IMAGE ARCHIVE/PHOTOGRAPHER COMET PHOTO ZURICH

SOPHIA LOREN RÄUCHERND VOR DER KULISSE DES VIERWALDSTÄTTERSEES, 1958
KEYSTONE/PHOTOPRESS-ARCHIV/STR
SOPHIA LOREN, SMOKING WITH THE BACKDROP OF LAKE LUCERNE, 1958
KEYSTONE/PHOTOPRESS-ARCHIV/STR

如今區域內總共有四間誕生於不同年代、不同星級的旅館,同屬於 Bürgenstock Hotels & Resort Lake Lucerne 度假村,包括瑞士傳統木屋風格的三星小旅館 Taverne 1879、1903 年歐美的美好年代問世的四星歷史旅館 Palace Hotel、以醫學療養 SPA 施設為主的五星 Waldhotel,以及我 2019 年 8 月時住宿的超五星旅館 Bürgenstock Hotel & Alpine Spa。度假村境內還有 67 間由集團管理的私人寓所,共享各旅館的多家餐廳酒吧與電影院、網球場等公共休閒施設,整個翻新建設計畫歷時九年,備受矚目更得獎無數。2017 年的再開幕是瑞士旅遊界的盛事,被譽為「世紀項目」。

Bürgenstock Hotel 高踞山嶺的建築基地伸出岩壁氣勢驚人,從旅館往外俯瞰湖面也因此更令人震撼。建築外觀以阿爾卑斯山的貝殼石灰岩搭配大片的藍色玻璃映照水天,時尚的洗鍊風格加上充滿現代感的古典元素,表現出有別於傳統木屋的歐洲山居氣氛。總共 102 個湖景房共占七層樓,其中有 20 個套房。

1	2
3	
4	

1　旅館擁有的雙體船造型十分酷炫,碼頭建築內就可轉搭直達旅館的斜軌纜車,一旁的文物展覽室還陳列了一台古董纜車

2　唯有從空拍角度,才能看出 Bürgenstock Hotel & Alpine Spa 建於山壁的驚人氣勢／ Bürgenstock Hotel 提供

3　Spices Kitchen & Terrace 位在凸出於旅館的「玻璃盒」內,擁有美景與開放式廚房,是旅館的早餐餐廳。在內用餐景觀無敵,但從外面看還真有點恐怖!／ Bürgenstock Hotel 提供

4　我選擇的 Senior Suite 是視野寬廣的角間,將山光水色攬入有如雲端山居的溫馨室內

旅館以懸空的玻璃走廊連接鄰棟也堪稱勝景的水療中心「Alpine Spa」，開幕後連續兩年獲選為 The World Spa Awards 的瑞士最佳飯店水療中心，住宿 Bürgenstock Hotel 可以免費使用。占地 10,000 平方公尺的水療中心樓高三層，頂級設施齊備，內有一個景觀壯麗的室內游泳池，兩個室外泳池中有一個無邊際泳池，優游於琉森山水的浪漫氳氤中讓人心曠神怡，讚嘆連連。

　　瑞士向來以抗衰老醫療服務知名，吸引全世界名流前來體驗。不論是要接受正式療程，或只是想在如夢似幻又奢華的自然環境中修復身心，Bürgenstock Hotel & Alpine Spa 都是我個人經驗中最完美理想的目的地。

Bürgenstock Hotels & Resort

地址
Buergenstock 17, Obbürgen, Burgenstock 6363 Schweiz

電話
+41 416126000

官網
https://www.buergenstock.ch/en/

水療中心「Alpine Spa」的室外無邊際泳池／Bürgenstock Hotel 提供

乘著颯爽之風
來一趟美食饗宴

　　2019 年 4 月 17 日，前任天皇明仁與皇后兩陛下前往三重縣伊勢市，出席在伊勢神宮舉行的退位相關儀式。連續幾天日本媒體的大量報導，讓這個日本人的心靈故鄉繼 2016 年的 G7 峰會之後，再次受到全國矚目。

　　對日本人來說，位於本州西邊的出雲是日落的國度，三重縣的伊勢則是太陽升起的聖地。祭祀天照大神的伊勢神宮是日本第一的神宮，從江戶時代以來一直是所有日本人一生一定要造訪一次的地方。近年來日本人很流行利用新年假期，到具有改運能量的神社寺廟或靈山聖地祈願，因此地位在所有神社之上的伊勢神宮，自然成了求什麼都靈驗的超級旅遊「能量點」。

　　三重縣同時也是日本美食的寶地，以伊勢海老（龍蝦）、鮑魚、河豚、牡蠣和松阪牛等夢幻食材聞名。日本人若前往伊勢神宮參拜遊覽，一定會趁便安排到海邊的鳥羽或伊勢志摩住宿一晚，享受日本能量最強的溫泉與最新鮮珍貴的山海之幸。

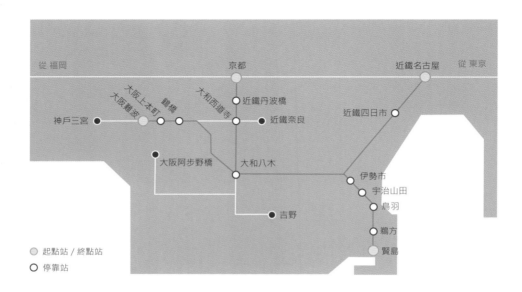

從 福岡　　京都　　近鐵名古屋　從 東京

大阪上本町　鶴橋　大和西寺　近鐵丹波橋　近鐵四日市
大阪難波
神戶三宮　　　　　　　近鐵奈良

大阪阿步野橋　大和八木　伊勢市
　　　　　　　　　宇治山田
　　　　　　　　　鳥羽
　　　　吉野　　　鵜方
　　　　　　　　　賢島

◉ 起點站／終點站
◯ 停靠站

「志摩之風」是日本最受歡迎的觀光列車之一，才推出一年就獲得日本鐵道之友「第57回藍緞帶大獎」的肯定。
由六面玻璃組成的多面體車頭造型時尚，藍白色表現出有如「吹拂於志摩的颯爽之風」

造訪日本人一生必去聖地

伊勢志摩南部的賢島，可說是伊勢地區飯店旅館整體水準最高的地方，有多軒全國知名的日、西式旅館，2016 年 5 月的 G7 峰會因而選在這裡舉辦。前往伊勢志摩地區，可以從大阪、名古屋或京都搭乘「しまかぜ」號（「志摩之風」，亦稱「島風」），經伊勢、鳥羽到終點站賢島，不論是去程或回程順道造訪路線上的伊勢神宮，都非常方便。

2013 年開始每日運行的志摩之風，是以飛機頭等艙概念打造的超豪華特急列車，每排僅 3（2+1）個座位，前後座間距長達 125 公分，真皮座椅配備氣囊及簡單的按摩功能，十分寬敞舒適。六輛編成的車廂中，第 3 車廂為餐車，第 4 車廂則是可容納 4～6 人的包廂沙龍座席，適合家族或親友出遊。其餘車廂座位大小與功能材質相同，但第 1 和第 6 為特別座展望車廂，車廂與座椅位置皆比 2、5 車廂高，擁有較好的觀景視野，因此 2018 年初我從京都的家前往伊勢志摩度假時，就刻意挑選了第 1 車廂的特別座。

列車頭尾的 1 和 6 號車廂都有鑽石造型的大觀景窗，外型俐落優雅

1

2

1 志摩之風的標準座椅

2 西式包廂座位採 L 型沙發，讓旅客像在家一樣舒適

豐富的地方物產與人文風情

餐車分上下兩層，上層當然較為開闊舒適。由於位子不多，車程中若計劃到餐車用餐，最好不要等用餐時間，從京都出發過近鐵丹波橋站之後，餐車一開放就可前往入座以免向隅。車上提供的餐食相當有地方特色，列車便當與押壽司以外，還有伊勢海老海鮮飯、松阪牛咖哩飯，以及愛知縣產鰻魚飯等使用超豪華在地食材製作的主食，飯後甜點還可以品嘗伊勢最知名的和菓子「赤福」，車程中保證絕不會無聊，兩三小時轉眼就過去了！

終點賢島站是近畿日本鐵道（近鐵）最南端的車站，二樓設有「伊勢志摩峰會紀念館」，除了 2016 年 G7 峰會的相關紀錄報導，也展示有領袖們開會時使用的圓形會議桌椅與用品，訪客可與等身大小的領袖合照留影紀念。賢島所在的志摩半島地區海岸線曲折風景秀麗，於 1946 年被指定為伊勢志摩國立公園，和鳥羽同為日本重要的珍珠養殖據點。在賢島除了搭「西班牙船」遊覽英虞灣，出發往旅館前還可以到離賢島車站步行僅需兩分鐘的「志摩海洋公園」水族館，看海女餵食表演和可愛的企鵝散步！

松阪牛咖哩飯

1　餐車上層波浪型的桌面搭配藍色座椅面向大觀景窗，清爽宜人，不難想像「志摩之風」是帶著關西大都市人們奔向伊勢志摩的藍天碧海、最受歡迎的觀光火車

2　伊勢志摩的英虞灣是日本知名珍珠品牌 MIKIMOTO 的養殖基地

3　企鵝散步是志摩海洋公園最受歡迎的節目之一，可以近距離拍照非常可愛

1 【志摩】汀渚波沙羅邸──天之鏡風呂遠眺英虞灣

　　整個伊勢志摩地區旅館不少，尤其是沿海地區的湯宿，不但可以接收到伊勢神宮強大的好能量，宿客還能泡在溫泉中眺望優美的海景，度假養生兼祈福，一舉數得。伊勢志摩南部的賢島可說是伊勢地區飯店旅館整體水準最高的地方，有多座全國知名的日、西式旅館，2016 年 G7 峰會就選在這裡舉辦。

　　賢島溫泉有一家性價比相當好的湯宿「汀渚波沙羅邸」，占地 4,000 坪的土地上總共只有 18 間客室，氣氛奢華寧靜，最小的房間也有 16 坪以上，屋頂挑高、寬敞舒適。由於旅館位於海邊高台，幾乎每個房間都可眺望到英虞灣的景致，其中還有三幢面積近 50 坪的獨棟兩層別邸，硬體裝潢雖屬南洋情調卻不失和風美感。

汀渚波沙羅邸不接待 12 歲以下的客人，公共區域和庭園氣氛寧靜奢華，是適合與伴侶共度愜意時光「大人的旅館」

1　我曾入住 50 坪的獨棟兩層別邸「月の冠」，空間舒適寬敞
2　獨棟兩層別邸「月の冠」二樓的半露天私人風呂可眺望英虞灣，氣氛一流

2018 年旅館迎接十周年，但整體看起來依舊摩登新穎；館內各處陳列的裝飾品據說皆為旅館主人的收藏，即使不一定是高價藝術品，每樣擺飾都饒富興味與風格，值得一個一個細細賞玩，不會像多數近年新建的摩登湯宿那般雷同無趣。

伊勢志摩地區同時也是美食的寶地，願意選擇頂級套餐或加價單點的話，旅館餐點提供的食材絕對令人滿意，可以品嘗到最新鮮的在地名產，像伊勢海老（龍蝦）、鮑魚、河豚、牡蠣和松阪牛等。三重縣對於龍蝦捕撈的規定比他縣嚴格，每年 5 月初到 9 月底禁漁，選在農曆年假期間到訪剛好會碰上海水溫度最低的解禁期，龍蝦最美味。運氣好的話，還有機會吃到「夢幻伊勢海老」（軟殼龍蝦）──裹上蛋白、水、太白粉和葛粉油炸後上桌的「白仙揚げ」軟殼龍蝦，非常難得的可以整隻連頭帶殼吃下肚，是汀渚波沙羅邸的名菜。

1　這裡的商品都非常有特色，每樣東西都能讓人感受到經營者身為收藏家的品味，是難得能吸引我流連採購的旅館賣店
2　旅館各地方陳列的裝飾品各有特色，為滯留時光增添不少樂趣
3　地面有如波浪的走廊庭園「漠の庭」，後面放了一隻可愛的陶貓，處處都有經營者悉心營造的小趣味
4　波沙羅邸的招牌菜──軟殼龍蝦

旅館不接待 12 歲以下的兒童，因而
公共區域如餐廳、Lounge 的安靜度與
氣氛，竟更勝附近的國際級奢華溫泉
飯店。由於每個房間都有自己的露天
或半露天風呂，旅館沒有設大浴場，
但有三個主題風格各異、須另外付費
的「貸切風呂」，不僅私密性高，豪
華大器的硬體設計也都相當浪漫迷
人。三個貸切風呂中我最喜歡面積寬
達 30 幾坪的「天之鏡」，像個小泳池
般的露天風呂夜間會點燈，若選於傍
晚時分使用，在迷離的燈光包圍中，
同時還可眺望到揮灑著夕陽餘暉的英
虞灣海景，氣氛夢幻，最適合兩人時
光。

汀渚ばさら邸

地址
517-0501 日本三重県志摩市阿児町鵜方 3618-74

電話
+81 0599-46-1189

官網
https://www.basaratei.com/

三個須另外預約付費的貸切風呂各有特色，我最喜歡
寬廣有如小泳池的「天之鏡」，可眺望英虞灣

2 【伊勢】安縵伊沐——
融合女將文化與安縵流服務

自 1997 年初訪峇里島的三家安縵酒店（Aman Resorts）至今，我雖不是所謂的「安縵上癮者」（Amanjunkies），20 多年來也已經造訪過十幾家安縵旅館。上世紀的安縵的確為現在所謂的「奢華休閒度假旅館」樹立了典範，多年來模仿追隨者眾；儘管如今在硬體和餐食方面，已有不少優秀業者表現超越安縵，但在立地條件和服務品質上，能望其項背者依舊寥寥可數，因而在世界的某些角落，安縵仍維持著「無他」選擇的頂尖形象與姿態。

安縵這個奢華連鎖酒店進駐以細膩「款待之道」著稱的日本，究竟是會比出個高下抑或是擦撞出火花？從十幾年前傳言安縵將進駐京都，旅遊界就耳語猜測不斷，也讓旅館愛好者引頸期盼。沒想到 2014 年第一間開幕的日本安縵，竟出現在東京市中心，也是安縵至今唯一的都會型高樓度假酒店。

2016 年 3 月開幕的「安縵伊沐」（Amanemu）則是日本第二家安縵，更是旗下第一家溫泉度假旅館，地點選在伊勢志摩這個日本人神聖的心靈故鄉自有其用意，其命名由來是 Aman（梵文意為和平）加上日文的 nemu（ねむ），有休憩好眠之意。管理方面引入日本女將的經營模式，每天都由擔任女將一職的清水久代總經理親自接待。清水總經理在多家世界各地的安縵受過完整歷練，日英文流暢，融合了日式待客之道與安縵流的頂級服務，一開幕就蔚為話題，吸引全球安縵迷前往朝聖。

瓦片覆蓋、火燒杉木牆的平屋造建築表現
日本傳統民屋意象

1　安縵伊沐公共區的溫水池也兼為景觀池，進入必須穿著泳裝
2　每個面積 99 平方米的套房都有陽台與戶外沙發床，可以在古老森林綠意中眺望波光粼粼的海
　　面，慵懶享受寧靜時光

總共 24 間套房外加四棟雙臥室 VILLA，位在面海高地的古老森林之中，由安縵的御用設計團隊 Kerry Hill Architects 打造。每個房間都有獨立的溫泉，在安縵最具代表性的空間規畫中，取經自日本傳統鄉野民家設計，但增大室內空間，並融入禪風的極簡美學，比一般日式旅館更加隱密靜謐。每個房間外都有設計如日式「緣側」的寬敞觀景陽台和休憩沙發床，可在海風吹拂下遠眺英虞灣的水色波光和珍珠筏。

安縵伊沐可說是日本門檻價最高的溫泉旅館之一。由於房價不包括餐費，兩人入住一人一泊二食最少要十萬日幣以上。但安縵並沒有像汀渚波沙羅邸一樣不接待小客人。我入住期間不巧和帶幼兒的客人同時間到餐廳吃晚餐，由於那個孩子不斷發出聲音甚至哭鬧，是我 20 多年中最不浪漫的安縵經驗，相當遺憾。

1	
2	
3	4

1　客房分為海景（價格最高）、空（半海景）和森（森林綠意）三種。圖為我入住的海景房

2　DINING & BAR LOUNGE 是安縵伊沐區域內唯一的用餐地點，偌大的空間內通常不會有超過三、四組客人同時用餐。餐廳建築三方有大玻璃包圍，圓拱型天花板開放感好，是旅館內的最佳眺望場所

3 & 4　冬季造訪時價位最高的套餐一人日幣 34,000，食材包括魚子醬、海膽、松露、螃蟹和伊勢名產龍蝦鮑魚

安縵伊沐擁有設備完善的水療中心及泳池，比較可惜的是房內浴室雖有溫泉，卻沒有可展望的露天風呂，也沒有公共大浴場，僅有兩個非常小又需額外付費的「貸切露天風呂」，使用一小時要一萬日幣，更衣空間也十分狹窄設計不理想，是整體旅館經驗中比較可惜不足的地方。而位於戶外公共區兼為景觀池的溫水池則必須穿著泳裝進入，種種設計規劃比較適合不熟悉日本溫泉文化的外國遊客或嚮往安縵風情的日本客人。

對我來說住宿安縵伊沐最大的魅力，在於安縵維持了寵愛客人的傳統，用餐及活動安排上提供較多彈性與選擇，甚至可以量身打造，不會像日本溫泉旅館囿於定時制式的僵固服務流程。如果預算寬裕，不妨請安縵安排私人導遊行程，像是到以珍珠養殖知名的英虞灣釣魚、前往約需一小時車程的伊勢神宮參拜，或由專人陪同至熊野古道健行等，多樣性的活動皆品質保證，可以真正體驗到安縵式以客人為主的貼心服務。

Amanemu

地址
517-0403 日本三重県志摩市浜島町迫子 2165

電話
+81 0599-52-5000

官網
https://www.aman.com/ja-jp/resorts/amanemu

安縵伊沐占地極廣，前往水療或健身中心都可請
工作人員用高爾夫球車接送

四國正中千年物語 ————
迷你版豪華郵輪列車

「四國正中千年物語」是四國地區繼「伊予灘物語」之後推出的第二個物語列車，於 2017 年 4 月開始運行，因往返於香川縣的多度津站與德島縣的大步危站間、縱貫四國正中央而命名。

此列車車程雖不到三小時，也未提供火車上的住宿體驗，但全車都是特急 Green Car 等級的指定席，加上行程安排及餐飲服務方面的精緻度與講究度，在日本諸多地區觀光列車中堪稱「迷你版豪華郵輪列車」。

◉ 起點站／終點站
◯ 停靠站

多度津
善通寺
琴平
香川縣
坪尻駅
德島縣
愛媛縣
大步危
高知縣

四國天然絕景吉野川與大步危峽

三小時體驗豪華郵輪列車的極上幸福

上車前我從大步危站的月台天橋好好欣賞了由三節車廂組成的列車外觀，色彩活潑亮麗卻不失優雅，真是風格獨具又吸睛。

負責車輛設計的松岡哲也是 JR 四國公司的員工（也是伊予灘物語的設計者），他雖非世界級的名設計師，卻也因此讓四國的觀光列車保有獨家特色，不會像某些委由同位名家經手的各地列車那般雷同。

由 KIHA 185 系氣動車輛改造的列車外觀設計，意在表現「日本的姿態」與「四季的推移」，以綠色為基調的1號車廂名為「春萌之章」，紅色的3號車廂是呈現秋季色彩的「秋彩之章」。2號車廂兩側顏色不同，藍色是「夏清之章」，另一側白色則為「冬清之章」。有趣的是，由於車站構造的關係，乘客只能在頭尾的多度津站和大步危站，才欣賞得到2號車「冬清之章」這一側的白色車體。

此次搭乘後的個人心得是，喜歡拍照的人選擇從大步危搭上行列車應該比較理想，因為多度津和琴平都是四國班次繁忙的大站，列車停留站內可觀賞的時間較難充裕，而且大步危車站附近風景優美，還可以從多角度拍攝列車。

頂級鐵道之旅

1 列車外觀設計，意在表現「日本的姿態」與「四季的推移」
2 1號「春萌之章」車廂外觀
3 & 4 2號「冬清之章」車廂的藍、白色雙面車體設計

仿照古民家樣式的車內空間也相當有特色。1、3號車格局雷同，各有24與22個座位，看起來就像高雅溫馨的餐廳內部，顏色也分別搭配車廂主題，採用新綠與紅葉的座椅顏色來象徵春天與秋天。窗戶上方的傾斜角度代表古民家的屋頂，格狀天花板看起來則像古民家地爐「圍爐裏」上方的「火棚」吊架，從許多細節與展示品都可以看到四國的鄉里風情與各種傳統工藝。

我很幸運訂到了僅有11個座位的2號車，配置與1、3號車完全不同，七公尺的長條式沙發座搭長桌，可體驗如圍著地爐般享受美食並欣賞沿途風光的幸福感。

行程間車上有精緻的餐飲服務，但票價不包含餐點，因此飲料輕食以外的主餐需要事先預約加訂。下行列車提供完全使用香川食材的「讚岐精緻食材西式料理」，由金刀比羅宮境內知名西餐廳「神椿」料理長監修；上行則提供由日本料理「味匠 藤本」設計菜單的日式料理「大人的遊山箱」，三層精美便當盒的概念，來自於往昔女兒節時，德島孩子們帶著便當去野外遊玩的「遊山」習俗。

1		
2	3	
4		5

1　2號車廂長條座位坐西朝東，午後陽光剛好打在這一側窗外景物上，全程窗景美不勝收
2　我點了一套可從MENU上的八種地酒選三種並列品味的清酒佐餐，使用人間國寶山下義人先生所製作的精美漆器酒杯盛裝
3　上行列車提供的「大人的遊山箱」便當，菜色由名日本料理餐廳「味匠 藤本」設計
4　「大人的遊山箱」精美的德島檜木便當盒車上也有販賣，訂價兩萬日幣
5　主餐豪華便當以外，車上還提供精緻的輕食和甜點可以單點／高偉庭提供

景色清麗，送迎隊伍可愛又尊榮

有別於海線的伊予灘物語全程以海景為主，山線的四國正中千年物語連結四國的人氣景點香川金刀比羅宮與德島祕境祖谷，沿途景致為青山綠樹和溪谷，由於軟硬體都升級，推出後非常受歡迎。

下行列車「天空之鄉紀行」運行日是早上 10：18 從瀨戶內海畔的多度津出發南下德島，主題呈現德島西部山岳高處的集落生活；上行列車「幸福之鄉紀行」午後 14：21 從大步危站往北回到多度津，主題為「金刀比羅宮幸福之神」庇佑的幸福香川鄉里印象。

由於「大人的遊山」主題對我較有吸引力，即使車上用餐時間在下午兩點多，我還是選擇了上行的列車。挑戰登上 1368 級石階的金刀比羅宮奧社並住宿琴平一晚後，次日我特別挑選「土讚線」的南風特急「麵包超人列車」（與四國正中千年物語同路線）先南下德島大步危遊覽，下午兩點再回到大步危站搭乘四國正中千年物語列車。

大步危的車站上有個迷你版的藤蔓橋，代表的是此地著名景點「祖谷藤蔓橋」

色彩鮮艷的麵包超人列車也是四國非常受歡迎的交通型觀光列車，由於沒有供餐、遊覽等服務，同樣路程四國正中千年物語費時近三小時，南風特急（麵包超人列車）則不到一小時

下午 2 點 21 分，列車在大步危妖怪村「妖貝法螺吹き隊」的歡送下啟程。大步危、小步危自古因地勢險峻而有許多妖怪傳說，車站附近還有一家妖怪博物館。剛離開大步危車站，就可以看到位在溪谷旁的妖怪博物館露台上，工作人員們熱情揮舞著旗子歡送四國正中千年物語列車離去。由於行進時間不長，一上車乘務員就會開始為有訂餐的客人上餐；列車會慢速通行，由工作人員沿途做景點解說，讓乘客可以邊用餐邊欣賞大、小步危 V 形深谷與吉野川的絕景。

第一個停車「觀光」點是阿波川口站。這裡是狸貓之鄉，當地居民會打扮成可愛狸貓的樣子來迎接乘客並販賣土產，連車站的屋頂也設計了狸貓頭裝飾。第二個停車站阿波池田雖不如阿波川口熱鬧有趣，站務人員們會來搖旗迎送，短暫的停留時間內可以手持可愛手製牌子在月台拍照紀念。

列車在抵達中途的坪尻車站後會倒退行駛。位於德島的坪尻站離香川縣界很近，是蒸氣機關車時代為解決列車爬坡困難而設計的折返站，由於沒有可行車抵達的道路，如今是只能搭火車或步行前往的超祕境車站，也是四國正中千年物語的觀光重點，鐵道迷在這裡可以蓋到祕境站的紀念章。

1　列車在大步危妖怪村的「妖貝法螺吹き隊」和守護祕境的「五山」歡送下離開
2　阿波川口是狸貓之鄉，當地人會穿著狸貓裝來迎接並販賣土產，乘客可以下車購買地產並與「狸貓們」合照
3　大步危是傳說中的妖怪「兒啼爺」的故鄉，曾出現在漫畫大師水木茂的漫畫《鬼太郎》中，大步危車站還有一個兒啼爺的木雕像供遊客拍照留念
4　抵達阿波川口站下車觀光時才剛開始用餐，乘務員會體貼的將大家還在吃的食物用一張精美餐紙蓋住防塵。餐紙上的文字，是弘法大師出生地四國善通寺大法師禪澄所寫的「生活和駕駛都一樣，要留心方向盤與剎車、謹慎控制速度」，十分有意思

最後一個停車觀光點是讚岐財田站。讚岐財田站前有一棵高 13 公尺、樹齡超過 700 年的紅楠樹，正是四國正中千年物語列車標誌的靈感來源，隨車服務人員會帶領乘客跨過月台前往觀賞並解說。

行程的最後一個亮點是「金刀比羅宮」的玄關琴平站，列車節目到此完全結束，乘客可以選擇在琴平下車、到下一站弘法大師誕生地善通寺下車，或是到終點站多度津。這裡設有列車專用的候車休息室「TAIJU」（大樹），續搭至善通寺或多度津的乘客可以在此享用一份歡送小點心（冰淇淋），欣賞並「試坐」休息室內用純金編織的「金華疊」榻榻米。

全程雖僅 65 公里，但總共會通過 36 個隧道和 146 座橋，也唯有透過這樣放慢速度的列車之旅，才有辦法優雅的品味沿線歷史文化與奇特景觀。四國正中千年物語停靠站的迷你觀光安排得緊湊又有趣，車上的餐飲服務品質也很細膩，整體表現性價比高，鐵路旅行愛好者千萬不要錯過！

沿途有不少熱情民眾對四國正中千年物語列車揮手致意，其中有一個農家還利用田裡的稻草人來壯大揮手大隊的聲勢，非常可愛 / 高偉庭提供

1　服務人員拿來一整箱設計精巧的列車紀念品讓乘客挑選採購

2　讚岐財田車站前有一棵樹齡超過 700 年、高 13 公尺、樹幹周長 5.5 公尺、枝幹伸展長達 21 公尺的大紅楠樹，
　　正是四國正中千年物語 LOGO 的靈感來源

3　設於琴平車站內的四國正中千年物語專用 LOUNGE 休息室「大樹」。牆上有金刀比羅宮的「金」字招牌，前
　　方擺設純金編織的榻榻米

4　「大樹」平時深鎖，只對四國正中千年物語列車乘客開放／高偉庭提供

1 琴平花壇──令大文豪流連忘返的 400 年奢華旅館

臨瀨戶內海的多度津是「四國正中千年物語」列車路線北邊的起終站，但香川縣北境最大的觀光重點「金刀比羅宮」位於琴平町，在多度津南邊車程約 15 分鐘處，JR 四國因而將列車行程中唯一的專用候車休息室「大樹」設於琴平車站內，列車的觀光行程和節目也是以琴平為起終點。

金刀比羅宮是日本人一生一定要參拜一次的知名神社，每年到訪人數超過四百萬，但從參道爬到山腰的本宮就有 785 級石階，登抵奧社石階總數更多達 1,368 階，加上四國距日本多數地方都路途遙遠，前往參拜需要不少時間和體力，因此琴平自古就有多家「旅籠」、旅店提供參拜者住宿休息。搭乘四國正中千年物語若選擇住宿琴平最為理想，除了可以在琴平上下車，也可以同時安排遊覽金刀比羅宮。

參道口的幾家大小旅館雖然方便，但白天難免人多雜沓。其實從參道口往南沿金倉川步行不過六分鐘距離，就有一家琴平地區格式最高雅的住宿點「琴平花壇」，位在路旁坡道上一片寧靜的綠意中。創業於 1627 年的琴平花壇原本是參道旁的旅籠「備前屋」，1905 年第 16 代主人三好源次郎移轉至今址，開設擁有回遊式和風庭園的別墅型旅館並改名琴平花壇，從此成為名流華族與文人雅士的愛宿，大文豪森鷗外和与謝野晶子、北原白秋、吉井勇、井伏鱒二等人都曾下榻於此。

1 似乎永遠爬不完的參道階梯是造訪金刀比羅宮最深刻的印象。多數旅人只到本宮參拜就下山，較少人像我一樣攻上 1368 階的奧社

2 大文豪森鷗外於 1908 年住宿琴平花壇的延壽閣後，關於旅館的描述就出現在第二年出版的短篇小說「金毘羅」中。在歷史名宿庭園中，百年來陸續興建的新舊建築並列

百年間旅館歷經增建，如今總共 42 個客房，除了位在日式庭園中三幢獨棟、數寄屋造的歷史建築——長生殿、延壽閣與泉亭，其餘分散在圍繞著庭園的三棟宿泊建築中，包括大廳所在可眺望金倉川的「松月テラス」、2018 年改裝的「富士見台」，以及在我 2019 年 4 月到訪之後三個月才改裝完成並重新開幕的「山翠閣」，增加了不少附房內半露天風呂的和洋式房，硬體升級更為時尚寬敞。

雖然我向來獨鍾有歷史風情的老旅館，但考量睡眠品質還是捨棄「見學」長生殿的機會，選擇了當時最新的富士見台最大角間和洋特別室「花宝」。硬體與餐飲服務之等級雖無法跟本州或九州的頂級旅館相比，琴平花壇終究還是琴平地區的最佳選擇，價格也算相對合理。

所幸旅館有幾個公共空間氣氛相當好，像是大廳棟松月テラス三樓的 Garden Lounge 白天可以從陽台眺望有讚岐富士之稱的飯野山和琴平市街，晚上點燈變身浪漫酒吧，泡湯後前來小酌最理想。

頂級鐵道之旅

松月テラス三樓的 Garden Lounge 面對金倉川，白天可居高眺望阿讚山脈，夜間點燈氣氛也相當好／高偉庭提供

1	2
3	

1 & 2　富士見台最大的角間和洋特別室面積 90 平方公尺，除了洋式臥房之外還有獨立的和式房和
　　　客廳，適合兩代親子入住

3　早晚餐都在餐廳享用，某些房型也可以選擇在房內用餐。不過印象中「食事」是琴平花壇表現
　　較弱的一環

住宿特別室也可免費使用同樣位於松月テラス三樓的貸切露天風呂「なごみ湯」，尤其是在爬完 1,368 階後的鐵腿狀態，能泡在溫泉中悠閒眺望金刀比羅宮的「門前町」琴平以及遠方的阿讚山脈，真是至高的享受。

重新開幕的山翠閣內也有貸切溫泉露天風呂「杜の湯」，設備更為新穎，住宿山翠閣的客人可以免費使用一次，因此若有意前望金刀比羅宮遊玩，不妨選擇山翠閣的嶄新和洋室。

琴平花壇

地址
766-0001 日本香川県仲多度郡琴平町 1241-5

電話
+81 0877-75-3232

官網
https://www.kotohira-kadan.jp/

貸切露天風呂「なごみ湯」設備完善氣氛相當好，
若住宿在沒有房內露天風呂的房間可以考慮付費
使用。住特別室則可以免費使用一次

2 【香川】湯山莊阿讚琴南
——阿讚山脈懷抱中的靜謐溫泉物語

描述四國香川縣的景色之美，或許用道地的香川特產「讚岐烏龍麵」來形容最適合不過——看起來雖然粗獷素樸，但入口滑順咬勁彈牙，完全不需要花俏的調味或食材搭配，簡單自然就讓人舒心暢快，餘韻留香。

因而香川縣最讓我念念難忘的，不是琴平香火鼎盛的金刀比羅宮，也不是高松的米其林三星景點栗林公園，而是瀨戶內海如寶石般散落其間的大小島嶼，以及鬱鬱蔥蔥的阿讚山脈。尤其是位於香川與德島縣界的阿讚山脈，名稱來自於兩縣古代令制國名「阿波國」與「讚岐國」的組合，遠離人煙與喧囂的自然環境中，處處都是如今日本各地已罕見的純正祕境。

距琴平東南方約一小時車程外，有一家「琴平花壇」的姊妹湯宿「湯山莊阿讚琴南」，就位在阿讚山脈靜謐璞真的山林懷抱中。由於兩家旅館皆屬於「新淡路酒店集團」，若前後天入住這兩家旅館，每天下午一班從 JR 琴平站出發的免費迎送巴士也可以到琴平花壇接送，相當方便。

1 阿讚琴南的大門設計簡單卻風情十足，門口一棵四月紅葉在藍天綠意的襯托下實在是美極了！

2 大門後通過小橋，整個旅館就像是依偎在山邊的小村落般，寧靜美麗

私房美宿—四國

不像琴平花壇是香川的歷史名宿，2017 年 5 月才開幕的阿讚琴南是設備新穎的日式溫泉旅館，但整體氣氛在時尚中刻意保持著鄉里的古趣。旅館建築分為本館與隱身山腰綠意間的「山中別墅」，總共 28 間客室。本館有包括標準客房及附露天風呂的客房 19 間，九個里山小木屋則點綴在館外的山坡斜面樹影中，每幢木屋皆擁有面積相當大的陽台，讓入住者體驗私家別墅般的山居生活，其中四間甚至可以攜愛犬同住！

寬敞大廳的一區有燒著柴火的歐風木材暖爐，氣氛相當迷人。另一區交誼廳內還有傳統日式的「圍爐裏」，晚上九點到十點間可以在這裡烤棉花糖，感受日本鄉下傳統的暖心圍爐時間。也位於一樓的餐廳「穀雨」有漂亮的開放式廚房，入口的古式釜飯鍋和烤爐讓用餐氣氛更為在地、溫馨。

阿讚琴南早晚餐的呈現與口味層次都高於姊妹館琴平花壇，餐廳外場的年輕妹妹服務也到位，硬體新穎價格又比本州表現同等級的旅館親民，住起來輕鬆愉快。

九個「山中別墅」小木屋隱身山腰綠意間，私密性相當好，不過連接步道坡度很陡，不適合年長者

1	
2	3

1　每天晚上 9 點在大廳的圍爐裏可以烤棉花糖來吃，體驗日本傳統鄉下的暖心圍爐時間

2　晚餐讚岐土雞火鍋和表現專業到位的服務生妹妹

3　阿讚琴南晚餐橄欖牛石燒

沿著河川的大浴場「河畔風呂せせらぎ」除了內風呂和三溫暖，還有變化豐富的岩風呂、低溫浴風呂寢湯，以及水深 100 公分的深湯等露天風呂，可以在鳥語川音與森林綠意中享受溫泉三昧，以規模 28 室的旅館來說，這樣的大浴場規格讓人欣喜。

阿讚山脈的健行路線非常有名，從大川山到大瀧山全長 30 公里，有不少外國客人甚至專程為山中健行此來住宿。旅館不但提供詳細的路線圖和建議指南，也提供登山服裝道具讓宿客免費租借，方便貼心。健行享受芬多精之餘若時間允許，一定要到步行距離約 10 分鐘外每天僅開店三小時的烏龍麵名店「谷川米穀店」品嘗一碗，親自體驗這家明明在荒郊野外卻天天有人不遠千里而來排隊的名店！

湯山莊 阿讚琴南

地址 ────────────────────
766-0204 香川縣仲多度郡 MANNOU 町勝浦 1

電話 ────────────────────
+81 0877-84-2611

官網 ────────────────────
https://www.asankotonami.com/

大浴場「河畔風呂せせらぎ」有多樣豐富的溫泉浴池，露天風呂面積寬廣又視野開闊，可在鳥語川音與森林綠意中享受溫泉三昧，以規模 28 室的旅館來說相當高規格／高偉庭提供

國家圖書館出版品預行編目 (CIP) 資料

頂級鐵道之旅 / 梁旅珠文字 . -- 初版 . -- 臺北市 : 遠流 , 2020.08
　面； 　公分
ISBN 978-957-32-8847-3(平裝)
1. 火車旅行 2. 世界地理
719　　　　　　　　　　　　　　　　　109009871

頂級鐵道之旅

作者：梁旅珠

攝影：梁旅珠、高志嘉、高偉庭

總監暨總編輯：林馨琴

責任編輯：楊伊琳

行銷企畫：趙揚光

美術設計：ayen

內頁排版：邱方鈺

發行人：王榮文

出版發行：遠流出版事業股份有限公司

　　　　　地址：臺北市 10084 南昌路二段 81 號 6 樓

　　　　　電話：（02）2392-6899　傳真：（02）2392-6658

　　　　　郵撥：0189456-1

著作權顧問：蕭雄淋律師

2020 年 8 月 1 日　初版一刷

新台幣定價 450 元

ISBN 978-957-32-8847-3

yl/b一遠流博識網

http://www.ylib.com

E-mail: ylib @ ylib.com